别让“但是”毁了你！

人生的真相，都在“但是”之后

kiss your BUT goodbye

［美］约瑟夫·阿瑟比（Joseph Azelby） 罗伯特·阿瑟比（Robert Azelby）◎著

孙文峰◎译

企业管理出版社

ENTERPRISE MANAGEMENT PUBLISHING HOUSE

图书在版编目（CIP）数据

别让“但是”毁了你 /（美）阿瑟比等著；孙文峰
译 . — 北京：企业管理出版社，2014.7
书名原文：Kiss your but good-bye
ISBN 978-7-5164-0853-7

Ⅰ . ①别… Ⅱ . ①阿… ②孙… Ⅲ . ①工作方法—通
俗读物 Ⅳ . ① B026-49

中国版本图书馆 CIP 数据核字 (2014) 第 112511 号

书　　名：别让“但是”毁了你
作　　者：[美]约瑟夫·阿瑟比 罗伯特·阿瑟比
译　　者：孙文峰
责任编辑：张　羿
书　　号：ISBN 978-7-5164-0853-7
出版发行：企业管理出版社
地　　址：北京市海淀区紫竹院南路17号　　邮编：100048
网　　址：http://www.emph.cn
电　　话：编辑部（010）68453201　　发行部（010）68701638
电子信箱：80147@sina.cn　　zhs@emph.cn
印　　刷：廊坊市兰新雅彩印有限公司
经　　销：新华书店
规　　格：166毫米×235毫米　16开本　13印张　153千字
版　　次：2014年8月第1版　　2014年8月第1次印刷
定　　价：35.00元

如发现图书质量问题，可联系调换。质量投诉电话：010－82069336

谨将本书献给有史以来最伟大的母亲

——我们的妈妈特蕾莎·玛丽·阿瑟比

致谢

我们在此感谢使本书得以完成的所有亲人和朋友。感谢我们的妻子珍妮特和米歇尔，是她们排除家庭生活的日常喧嚣使我们能够不受干扰地进行写作。感谢我们两家的八个孩子：东海岸的克莉斯汀、科琳和杰基以及西海岸的凯蒂、安娜、乔、萨米和罗比，在本书成型过程中，他们目睹了两个成年人通过电话写作、修改、争论和谈笑。年纪较大的孩子们“被迫”阅读我们认为非常睿智的段落。他们会拍拍我们的肩膀，客气地说：“是的，爸爸，很不错。”然后溜之大吉。特别感谢我们86岁高龄的父亲老乔·阿瑟比，他将讲故事的卓越才能遗传给了他的所有后代。感谢我们的妹妹苔莉，她深入研读了文稿，做出修改并提出建议，使文字更加连贯。感谢我们的哥哥汤姆，他幽默的处理及高超的包装技巧使本书更加引人入胜。感谢所有读过本书并提出建议和评价的我们的朋友们。尤其要感谢约翰·赖斯，她在本书语法和标点处理方面提供了帮助。还要感谢比尔·戴维斯，是在他的敦促之下我们才完成本书。感谢我们的外甥丹，他声称他读过草稿中的部分章节，但我们不知真假，因为他未给我们任何反馈（我们许诺过，要对他可怜的努力表示感谢）。感谢我们的代理人和编辑杰弗里·克雷姆，他非常信任此项工作并宣称它挽救了他的生命。为了说服我们雇用他担任本书的编辑和代理人，杰弗里声称如果被迫去为另一本传统的关于领导力或者管理类的书籍工作，他会自杀。杰弗里卓越的文学才能和疯狂的工作热情给本书的工作带来条理、节奏和更多的幽默感。感谢我们的出版商霍利斯·海姆鲍奇和哈珀柯林斯团队，他们当即领会了这本书会对读过它的人提供怎样的帮助。无论从哪个方面来说，哈珀出版社都是极棒的合作者。本书的创作出版对于我们两个作者来说无异于收获了一份大礼。我们希望在阅读本书时，你也会收获尽可能多的乐趣。

序

我们在新泽西州的杜蒙特长大，那是一座离曼哈顿中城15英里（1英里约为1.6千米。——译注）的郊区小镇。我们的父亲是纽约市的一位警官，因此“纽约城”以及与之有关的所有问题与政治活动都成了我们童年生活中经常感受的内容。出于这个原因，我们一直梦想拥有一座家庭农场，使我们的兄弟姐妹及他们的子女都可以在那里欢度快乐时光。可能我们渴望一种更简单的生活或者希望寻找一个远离拥挤的城市中心、属于郊区的城市延伸地区。当我们俩都住在东海岸时，我们经常去农场购物。在报纸上或者网络上做广告的待售农场，时常会激发我们的兴趣。在周日，我们会随意带上几个孩子，驱车去新泽西州西部的乡下、宾夕法尼亚州的利哈伊谷或者纽约州北部看待售农场。

在一次此类的远足中，一位要出售占地60英亩农场的农夫带我们参观了他几年前修建的漂亮池塘。他告诉我们，池塘里满是大口黑鲈鱼、莓鲈和一些金鲈。

我们问道：“是你给池塘投放的鱼苗？”

他说：“不，我什么也没做。”在那片区域，我们看不到其他的池塘或者溪流，因此我们很好奇。

随后我们问道：“如果你没给池塘投放鱼苗，那鱼是怎么来的？”

他说：“我只是把池塘建好，鱼儿自己就出现了。”

我们站在那里，怀疑农夫是否只是在敷衍我们或者和孩子们开玩笑。我们说了一番话，大意是：鱼儿离开水活不了很长时间，我们也从没见过鱼儿会走路。如果不是你把鱼放在池塘里，那这些鱼是怎么来到这个新池塘的？

“这很简单，野鸭带来的，”他解释说，“当野鸭在有鱼的池塘或小溪降落时，它们会溅起水中的鱼卵，这样这些鱼卵就会黏附在野鸭的羽绒毛上。当这些野鸭再飞到另一个池塘后，羽毛上携带的鱼卵就被带到了新的水域。鱼儿就是这样到达了一个新池塘。”

那天，农夫教给我们和我们的孩子一些永远不会忘记的事情。我们相信，你也会从本书中学到一些永远不会忘记的东西。我们希望，就像新生命来到新的水域那样，《别让“**但是**”毁了你》一书中的信息也会从一个池塘到达另一个池塘，带给你一种自我省察的观念，使你的事业焕然一新，让你以及所有那些与你互相影响着的人能够变得更加快乐。

导言

本书不是为寻求领导能力变革的首席执行官所写。本书也不适用于那些全球商业巨星——他们想教他们的“大象”学会如何“跳舞”。本书不会向你示范如何让一家公司从业绩优秀上升为更加卓越。本书的目标是比上述对象更为重要的某些事物——那就是你。你想让你的事业走向何方，什么东西在阻碍你做到这点？接下来的几页内容会强迫你艰难地看待：你的工作、你在工作中的表现以及你不能如你所愿迅速晋升的原因。本书不会教你如何发挥你的长处——你应该自然而然地做到那一点。相反，本书是为了帮你确认你的短处而写的。在商业世界中，那些能够发挥他们的长处并掌控他们的短处的人，更容易实现事业上的抱负。我们会领你去你不想去但你必须要去的地方。

如果你想将你现在的工作做得更好，请继续读下去；如果你想暴露并纠正你的弱点，想对损害你进步的行为有更深的理解，请继续读下去；如果你想完善你的管理效能，想完善你对老板的支持方式，请继续读下去；如果你想对别人对你的看法进行彻底检讨，请继续读下去；如果你想对你当前的处境承担全部责任，请继续读下去；如果你拒绝成为牺牲品，请继续读下去；如果你想知道真相，请继续读下去。

现在，让我们开始帮助你，让你用他人看待你的方式看待你自己的旅程吧。这样做，能使你找到你在你自己和应得的个人成功之间设立的障碍并彻底粉碎它。

我们两个为《财富》杂志500强的公司工作的时间加起来是40年。弟弟鲍勃现在在加利福尼亚州一家大型生物制药公司任职，哥哥乔在纽约一家大型金融机构工作。在过去20年中，我们曾多次讨论过，员工的行为和管理观念如何形成了工作中的“促进因素”和“干扰因素”，这些因素影响并决定着员工的职业晋升。我们观察到，因为特定的行为和观念，某些人工作得到进展，职位得到提升，与此同时，其他人的工作则停滞不前或步履维艰。当我们需要处理最棘手的商业管理问题时，我们常常互通电话征求彼此的建议和看法。这些问题几乎总是涉及职场中人以及他们做了或没做某些事情，使工作变得比应该的情况更艰难、更令人不快。当指出他人的缺点的时候，我们应该能很容易地把“他们”变成“我”，因为我们每个人也往往会引发这些不必要的问题。我们兄弟二人经历和讨论过的问题能写满一本书。所以我们决定拿出我们学到的东西并将它们写下来，这样你就能从我们目睹或者做过的、对工作和团队有损害的事情中学到经验教训。

阅读本书是对你的时间的一种很有效的利用。在你通读本书所用的短暂时间内，你能够得到长达40年之久的人员观察、员工分析和以解决问题为导向的简短建议。我们两个人都多少有点因商业活动引发的注意力不足症，我们假设你也会有。因此，本书是供快速阅读的，我们尽我们所能使其读起来轻松、休闲和有趣。我们提供事例、发表观点，然后更换新的话题。谢天谢地，我们写这本书并不是为了赚钱。很少有人能靠写作为生，我们也相当确信，我们二人谁也无法靠写作为生。我们写作本书是为了分享我们的经验和见解。我们相信，本书能帮助别人从阻碍他们事业发展以及他们的工作、家庭关系紧张的态度和行为当中摆脱出来。

本书的名字是《别让“**但是**”毁了你》。不要担心，本书不是关于健身的，也不是又一种关于时尚饮食的书籍（你可以通过吃赛百味低脂三明治或者继续看《减肥达人》节目来自己应对那类问题）。本书不会帮助你戒烟，常识以及生存的愿望会帮助你戒烟的。我们希望帮助你“告别”的“**但是**”是指在你工作中拉你后腿的**但是**。我们所说的这种**但是**决定了你公司中的所有人会如何看待你：高层主管、你的顶头上司、你的同事和你的直接下属都会通过你的**但是**造成的有色眼镜看待你。如果我们能够一起将这种**但是**赶走，或者至少将其减少，我们会使他人在工作中对你的看法有所改善，使你的职业生涯向好的方向转变。

如果我们能使你关注你的**但是**，你会得到比你现有工作更重要、更好的工作，对此我们有信心。在本书中，我们会告诉你，你需要多做的事情以及你需要少做的事情。我们会告诉你，你一直需要做的事情以及某些你永远都不要做的事情。如果你将我们所写的记在心中，你会得到的是：更高的职务、更高的工资和更多的工作满足感。

让我们回到**但是**这件事上来。每个人都有一个**但是**。在接下来的章节中，我们会审视很多**但是**。某些可能是你的**但是**，你必须认识它们、接受它们并积极掌控它们。其他的**但是**会属于你的同事，你必须帮助他们认识它们、接受它们并积极掌控它们。如果你过着充实的生活或者在一个商业背景中待了足够长时间，你会直接经历过所有这些**但是**。当你在工作中进步时，你要变得善于认识**但是**并教会你的员工如何掌控它们，这会越来越重要。作为领导者，如果你无法掌控你的直接下属的**但是**，毫无疑问，你将开始养成一个你自己的**但是**。记住，每个人都有**但是**，可是我们希望在你的公司中，你的**但是**比其他任何人的都要小。现在我们会告诉你原因。

想象这样一个工作场所：在这里每个人都认识到，是因为哪些他们做了或者没去做的事情正在妨碍他们变成更富有成效、更有价值的员工；想象这样一家公司：在这里每个人都直率地、诚实地谈论他们的弱点并承诺对其进行改进；想象这样一种环境：在这里，通过总是讲真话，同事们帮助彼此变得更有效率、更没有破坏性；想象这样一个地方：在这里，公司最有才能的员工明白，要获得领导职位，他们到底需要做什么。

这样的地方是会存在的。本书会有助于创建这样的地方。请阅读本书，并将它传阅给同事，请同事如法炮制。在不远的未来，我们都能够在这样的地方工作。

第1章

“但是”：别人通过你的缺点评价你

当你参与员工工作表现或者人员素质讨论会时，无论讨论是正式的还是非正式的，请你认真倾听最重要的一个词，那就是“**但是**”。这个词往往会在一段陈述的中间，绝大多数情况下都是紧接着溢美之词出现。只要一提到“**但是**”，大家就会从座位上坐直身子竖起耳朵倾听，非常迫切地想知道他们的同事的缺点或者毛病是什么。

谈论往往会是这样：

“吉姆是位很不错的营销人员，**但是**他总是无法达成交易。”

“瑞秋工作是很努力，**但是**她分不清孰轻孰重。”

“拉里是个很棒的生产者，**但是**他管理方面很差劲。”

“史蒂文个人工作效率很高，**但是**他无法对整个营销网络发挥影响。”

“萨曼塔工作做得不错，**但是**她进行战略思考不行。”

“丽莎智商很高，**但是**她情商几乎为零。”

现在你会说：“哦，我懂了。‘**但是**’真是个好词啊。你们说得对。当大家讨论其他同事的工作时，总是会用到这个词。”然而，这个不起眼的词，所包含的意思比你意识到的还要多得多。

我们不知道你的**但是**是什么问题，当然也不知道它的大小。同样，我们也不知道你同事们的**但是**的性质和大小。然而，我们的确知道，你和你的同事们都会有**但是**，我们认识的每个人至少都有一个**但是**。我们的任务就是帮你找出你的**但是**。我们会让你看到你的**但是**并向你展示你的同事们的**但是**。我们会和你讨论你的**但是**并且帮你牢牢抓住**但是**，对其进行掌控。然后我们会给你几种行之有效的工具与方法，减少你的**但是**，这样你就会成为所有同事中**但是**最少的人。

我们从工作没有进展的人那里听到了不计其数的借口和抱怨。有太多的人将他们的困境归咎于他人，还有太多的人对完不成他们的工作或者得不到重用而编造理由或者借口，这些都令人感到惊讶。我们最喜欢用的差劲的借口有：“我的向上管理有问题”“我不想去拍马屁”“职务升迁就是争权夺利”或“这个工作只考虑见风使舵的人”。这些说法会让大家自我感觉好一些。但这些说法只不过是为失败找的借口，其实它隐藏了你的真实问题。

让我们首先从几乎每个办公室都熟知的一种非常常见的**但是**开始吧。我们相信，你肯定可以说出几个有这种毛病的同事的名字。

“但是”的典型症状1：滔滔不绝者

“卡桑德拉确实很聪明，**但是**她从不住口。”

《你说得太多》是乔·琼斯在1961年发行的一首热销单曲。你不希望你的经理对你唱这首歌吧。说话太多的人会让经理担心他们会把客户演示搞砸，或者担心他们因说得筋疲力尽，而无法参加随后的管理委员会的会议。如果你说的比你听的多得多，那你很有可能出问题了。事实上，你可能会被取外号，比如“唠叨凯西”或者“巴拉巴拉巴拉先生”。

在大家都不再倾听之后还能继续长篇大论，每个公司都有将这种艺术发挥到极致的人。当这个人的话题主要是关于自己时，这种**但是**尤其令人恼火。一旦这种人开始讲话，他们就会像电影《生死时速》里的公交车那样停不下来。无论你如何反复尝试打断他们的喋喋不休，但他们仍然继续说个没完。他们说得天花乱坠却几乎一点有用的东西都没说。当他们和客户喋喋不休时，你必须用极大的耐心才能控制住不去掐死他们。

如果你就是一位滔滔不绝说话的人，请马上停止吧！它正在消磨你取得进步的能力。对于领导者来说，自我意识是最重要的品质之一，而说得太多则是你缺乏这一重要品质的最最确切的标志。你可能并不是办公室中头号的“滔滔不绝者”，但如果你排名在前10%，我可以肯定地告诉你，这会拉你的后腿。在人类的历史上，还没有哪个人在滔滔不绝说话的同时还能学到东西呢。如果你正在进行演示，你可以在深呼吸时，趁机向四周望望，看看听众是在跟随着你讲话的节奏与你互动，还是虽然睁着眼睛但其实是在睡觉。在乔的早期职业生涯中，某次他在会上对一个主题讲了太多，会后，乔的一位银行家老友把他拉到一边告诉他：“乔，你刚刚浪费了一次闭上嘴的绝好机会。”老友的批评影响深远，以至于23年后乔依然记忆犹新。

解决方法：如果你怀疑讲话太多是你的**但是**，当你下次在重要的会议上需要发言时，我们建议你找一个那种能夹住一大堆文件的黑色钢长尾夹，用它夹住你的舌尖。在会议开始之前，将文件夹夹在舌尖上一分钟。这能提醒你，你的舌头会如何让你遭罪。

在向你的听众演讲时，要十分严肃，注意听众的身体语言。他们是跟随你的讲解在思考，还是两眼呆滞神游太空？他们是否感兴趣，是不是被吸引住了？他们是在提问，还是在玩手机或者在笔记本上信手涂写？如果你认为听众丧失了兴趣，你就要尝试使听众重新产生兴趣。询问他们这是否就是他们想要的信息，询问他们你是否该进行下一部分的演示，询问他们想对哪一方面进行探讨。要让他们对你的演示充满兴趣。最佳的演示是演示者与听众互动的演示。实质上，你做演示就是在向你的重要顾客群推介产品。要通过给听众那些正好是他们所需的东西，不要夹带他们不需要的填充物，要激发听众给你所需的反馈，你必须确认是这样，然后你就可以持续这样进行下去。

以我们的经验，人们的工作没有进展的主要原因，要么是他们缺乏技能，令他们不符合晋升的要求；要么是他们有令人讨厌或者有害的行为。晋升机会或者最好的项目属于他人，其原因是人事部经理认为他人比你更优秀。大家想方设法证明自己比他人强，但实际上他们的**但是**才是他们晋升之路上的绊脚石。

记住，每个公司都要和业内其他公司竞争，都想赢得竞争。公司明白，员工才是赢得竞争的决定因素，他们希望最有才能的人担任公司最重要的职务。不要沉溺于责怪他人的游戏。做你自己工作的主宰者，要记住：你的处境优劣是你对你的态度和行为，即你的**但是**的掌控的结果。在公司中，具有最小的**但是**的人晋升最快、走得最远。**但是**就像坏习惯，你必须承认、接纳并主动掌控它们。

你有“但是”

假设你以最优异的成绩毕业于杜克大学，你从宾夕法尼亚州的沃顿商学院获得了工商管理硕士学位。在一家引领市场潮流的公司中，你正身处迅速晋升之路。你聪敏、有吸引力、雄心勃勃、积极进取并且信心满满。你对衣着有完美的品位。每天早晨，当你望着镜子中自己的脸庞时，你看到的是一个完美的人、一个充满无限可能的人、一个可能是将来的首席执行官的人。

不幸的是，你的经理和同事并不是从你的“魔镜”里看你，他们肯定不会看到“白马王子”或者“白雪公主”。他们最感兴趣的是你的**但是**。正如我们在前面指出的，我们可以保证你肯定有**但是**。你可能会有不止一个**但是**。在镜子中，你很难发现你的**但是**。事实上，你真的需要拿起另一面镜子来发现它。请把这本书看作你的后视镜吧，因为它可以向你展现只有别人才看得到的东西。

我们会向你描述各种各样的**但是**。有一些你肯定马上就能从你的同事身上找到。更重要的是，你需要找到你自己的**但是**。这本书就是为你所写。

每个人都是自己世界的核心，这是自然而然的。但如果你花费太多的时间关注你的内在，而不是关注你周围的各种事情，那你就会不可避免地错过能够影响你的工作的事情，无论是好是坏。直面你的**但是**的一个重要步骤就是要明白：将公司视作宇宙，在此大环境下，你自己的个人星系是何等渺小。

“但是”的典型症状2：可被替代

“杰伊浑身散发自信，**并且**他坚信他是不可替代的。”

《圣经》说：“骄傲在败坏以先。”你开始相信你不可替代时，就是你走向终结的开始。这很像《体育画报》杂志封面上那些过分自信、认为自己不会被击败的运动队。他们不再努力训练，当他们不再尊重对手时，他们就失去了优势。他们不再做那些可以产生重大影响的小事，因为他们觉得他们没必要做。这就是他们失败的开始。我们都是可被替代的，我们永远都不能忘了这一点。在你的办公室，会有一位有才能的、乐意接替你工作的同事。在人才市场上，有一大帮有才能的人正在寻找像你这样的职位。如果你表现得似乎你是不可替代的，那么总会有一天，当你来到办公室时，可能发现你的个人物品已经被打包了。

去年春天，乔的女儿科琳在西班牙留学。乔到巴黎谈生意，所以科琳就来到巴黎和他见面并共度周末。他们抽空游览了地下墓穴，这是巴黎地下的一系列洞穴和隧道，保存着超过600万巴黎人的遗骸。在一排排无尽的地下房间中，骷髅和骨头从地板堆到天花板。这是一次令人毛骨悚然却又使人谦卑的头等体验。我们相信，在墓穴中这些骨头被像柴火一样堆积的600万人中，大多数人在他们人生中的一些时候会坚信他们是不可替代的。

解决方法：永远不要懈怠。每天都要竞争。对于竞争要近于偏执。你越见多识广、富有成效，你就越不容易被替代。

大家在谈论你的“但是”

我们几乎可以向你保证，在你办公楼的走廊上和会议室内，你的**但是**正在被人们谈论着。你的**但是**能引起多种媒体形式的兴奋。它们在电话上被谈论，在邮件中被谈论，通过短信被跨州谈论，是冷饮箱边咯咯谈笑的催化剂。你的**但是**可能成为最近的才能评价幻灯片的主题，下面就是你的名字和头像。你的同事和经理讲述和你的**但是**有关的、让他们发笑或者愤怒的逸事和笑话。人们就是愿意谈论你的**但是**，尤其是你的同事，他们抓住每一个机会挑起话题。如果他们让大家都关注你的**但是**，而不是他们自己的**但是**，他们看起来会好受得多。

如果你花很多时间谈论别人的**但是**，那这很有可能就是你自己的一个**但是**。即便你可能会有大量花边新闻，使你在冷饮箱边大受欢迎，但你的八卦新闻越多，你的同事就越不信任你。

“但是”的典型症状3：嘴巴不严

“兰迪心地不坏，**但是**他喜欢八卦。”

在每个组织中，总有一个关键人物的小圈子。当然，这群人中肯定包括高级管理人员，但也可能包括组织名单中级别没那么高的人。让我们把这个群体称为“信任圈子”吧。如果你想身处你公司的“信任圈子”，你必须能够保守机密信息……好吧，你要明白，这就足够。保守秘密，不要将他人的秘密告诉同事。如果下属、同事或者经理秘密地和你分享事情，要保守秘密。我们知道，信息就是力量，你不能迫不及待地显摆你知道秘密，你需要战胜这种冲动并保守秘密。乔曾有个同事，他说：“不是我不保守秘密，而是被我告知了秘密的人都不能保守秘密。”这是一种会让你被“信任圈子”抛弃的逻辑。

解决方法：在海军中有这样一句话：“信口开河会把船沉了。”在商业世界，这句话是：“信口开河事业玩完。”避免冷饮箱边的闲聊。对归类为机密的事情，严守机密。不要错过让你的嘴巴紧闭的绝佳机会。

猜一猜，你的哪个同事不会和某人谈论你的**但是**？你自己！你需要明白这点。你的同事们从你的**但是**中获得了太多乐趣，以至于无法和你谈论它。他们可能会用几个小时，甚至几天的时间相互谈论你的**但是**，但从不和你谈论。他们明白，如果向你揭示你的**但是**，你就会停止暴露

但是。这会毁掉所有的乐趣，他们自己的**但是**也有了暴露于大庭广众之下的风险。他们想让你的**但是**拉你后腿，这样他们反而可以进步。和你有竞争关系的同事告诉你与你的**但是**有关的事情，就像新英格兰爱国者队的四分卫汤姆·布雷迪向纽约喷气机队的侧卫（四分卫和侧卫均为橄榄球运动中的战术位置之一。——译注）达列尔·内维斯挥手并指点，让他知道他站位出位。这在职业橄榄球和办公室政治的贴身肉搏竞争中肯定不会发生。

有些**但是**是有趣的，而其他的**但是**却只会带来恼人的后果。这里有一例**但是**，肯定会导致你在背后被埋怨。

“但是”的典型症状4：难伺候

“杰克既聪明又有志向，**但是**他真的很难伺候。”

有这样一种人，在做他们的工作时，无谓地浪费他们周围所有人的时间和精力。他们折腾出来连续不停的会议、电话呼叫、电子邮件、解决冲突的议程等，这让他们的经理和同事们应接不暇。与同事相比，难伺候的人需要更多帮助、更多鼓励、更多控制和更多手把手的指导。他们往往更加情绪化，易于觉得自己被忽视。这种个人品质产生了让他们周围的人都浪费时间的活动。

这种干扰极大地增加了雇用这种人的成本，极大地削弱了他们对公司的价值。例如，一个难伺候的员工每年工资可能是75000美元，但如果你考虑他们耗费公司的资源，他们让公司的花费可能会高达150000美元。

难伺候的人身上的问题是：他们往往意识不到他们无休止的需求和抢夺眼球的行为所造成的不可衡量的花销。他们可能工作勤奋、友善、出于好意。然而，他们过早、过于频繁地让他人卷入他们的问题和挑战中。难伺候的人就像机器，很容易产生噪声，需要大量润滑油，而润滑油很昂贵。这种**但是**影响了那么多的人，因此它肯定是会使你引起他人注意的一种**但是**，然而却是以坏的方式。

解决方法：首先，评估一下你是否被视作难伺候的人。你的经理和同事们的时间，有多少是被你应该负责的问题所占据？记住，你因为处理这些问题而获得薪水，你的工作就是避免他人不得不处理你的问题。如果你是难伺候的人，你最好能有更多的工作成效，否则，你的荒唐行径不会被容忍太久。在将你的问题交给他人并浪费他人时间之前，要慎重考虑，你要试着独立解决问题。你的经理有大量其他事情要做，如果你的确带着问题来到经理门口，你要确保也带来了一种解决方案。公司会寻找工作富有成效并且不难伺候的人。难伺候和成效不高的致命组合会毁掉任何人的事业。

你的同事对你的看法主要以你的**但是**为基础。即便你已经完全了解了你的**但是**，如果你不认为你的**但是**有那么大，你对自己的估计也并不是真实的。你的现实是建立在其他人对你的看法之上的。

同事对你的评价就是你的客观现状

我们在前面已经说过这个话题，在这里我们还要再重复一遍，每个人都有**但是**。是的，即便是我们这些你热爱的作者，也有我们的**但是**。鲍勃曾经有过一个很严重的**但是**，直到他的经理说出了真相，他才意识到同事对他的看法是如何至关重要。

鲍勃是一位成功的地区销售总监，管理一个具有出众销售业绩的团队。他和销售人员花费大量时间在行业内消除障碍，获取他们所需的资源与支持。他期待着全国销售总监对他的年度评价，他期待着他的表现排名会非常高。

经理与他的会谈是这样开始的：“鲍勃，我们有麻烦了。实际上这是你的问题，但目前我是处理这个问题唯一的人。”鲍勃既震惊又困惑。他的经理继续说道：“总公司的人说你欺负下属。你不仅对下属进行直接恫吓，你还从不低头看看他们疲惫不堪的身体说声‘谢谢你’。”

鲍勃对经理的说法进行回击：“这不是事实。总公司的人喜欢我，我也对他们的所作所为很感激。”

经理说：“鲍勃，你怎么想无关紧要，要紧的是他们怎么认为，他们是怎么看待你的。如果他们认为你欺负下属，那你就是欺负下属了。”

鲍勃的经理将他的**但是**直接暴露于阳光下，鲍勃觉得很受伤。但当他从震惊和否定中清醒过来后，鲍勃明白他的经理是对的，自己需要对损失进行控制。鲍勃太关注于销售额，因此对于帮他完成销售的员工来说，他是个傻瓜。不用说，鲍勃对同事责备过重，他们并不喜欢这样。鲍勃的老板也不喜欢这样。通用电气公司的前首席执行官杰克·韦尔奇很关心公司的销售额，但他不会容忍欺负下属的傻瓜，甚至连最优秀的销售员也不能被容忍。为了对他的**但是**进行弥补，鲍勃马上开启了关系弥补模式。首先他向总部的人所做的所有事情表示感谢。他给团队中那些在职责之外工作的员工发送手写的感谢信，并寄去价值数百美元的礼品卡。从那天开始，鲍勃总是确保让总部的同事和经理都能感到，鲍勃对他们为他做的工作表示感激。

鲍勃的老板准确地指出同事们如何想才是紧要的。我们总喜欢认为我们掌控自己的命运，我们主宰自己的工作。不幸的是，我们并不完全正确。除了极少数的例外，我们的命运、我们的工作还有我们的生计取决于别人如何看待我们。如果你的经理认为你很懒惰，你能指望你会获得更多职责吗？如果你的同事认为你自私自利，他们会在重要的项目上与你搭档吗？如果你的下属不喜欢或者不信任你，你认为他们会在职责之外去更正你的错误吗？

为了取得进步并在商业中成功，你必须使周围的人认为你是配取得成功的那类人。商业是一种团队游戏，是你周围的人为你提供了成功的机会，在你地位之上的人要乐于将你提拔到更高的职位，在你地位之下的人要支持你并且推动你向上。同时，你周围的同事必须对你足够支持，这样才不会破坏或者阻碍你的高升。如果没有对他进行保护的强有力的进攻线，绿湾包装工队的四分卫亚伦·罗杰无法完成传球；没有热情而有经验的、几乎对每种场景都做好准备的车队后勤人员，凯尔·布什无法赢得一场又一场美国赛车协会的比赛。亚伦的进攻线和凯尔的车队后勤人员认为他们的小伙子配赢得比赛，这就是他们为他工作的原因。商业世界也同样如此，你必须被你的同事视作配取得成功的那种人，否则我们敢保证你不会成功。

这是关键的一点：大家对你的看法就是你的现实，无论你喜欢与否。大家对你的看法可以成就你，也可以毁掉你。

你可能还没意识到你的态度在工作场合的力量，但你的同事别无选择，只能和你的行为发生冲突。正能量是激发个人尽其所能工作并驱动团队走向优秀的推动力。而抱怨的副产品，即负能量，对于公司就像漏气的轮胎。你可能认为，通过指出同事的不足，你获得了同事的友情，但按照他们感知的事实，你很可能正在疏远你身边所有的人。

“但是”的典型症状5：牢骚和抱怨

“史蒂文既稳重，又善于表达，**但是**他对每件事都抱怨。”

在各种组织中，总有某些人，总是让团队筋疲力尽，因为他们所做的只有抱怨。“我们没有充足的资源。”“为什么我们坐飞机要坐二等舱而不是商务舱？”“我的奖金有猫腻。”“我的老板是个傻瓜。”“我的助理是脑残。”……巴拉巴拉巴拉，从不停息。这些抱怨者最糟糕的问题是：当他们在经理或者其他高级管理人员面前时，往往说一切事进行得很顺利，他们是企业的骨干力量。这些人坚信他们是稳重的操纵者，知道如何使系统运转。事情的真相是，组织中的每个人都明白：他们都是不受赏识的以自我为中心的傻瓜……甚至连他们的老板也这么想。

解决方法：如果你是一个无休止的抱怨者，你需要马上改变。请你扪心自问：为什么你会这么不幸？请停止抱怨，开始对与公司有关的、困扰你如此厉害的事情进行弥补。这就是责任和领导能力的全部，也是你获得工资的原因。

如果你无法对事情进行弥补，那就给大家行个方便，也包括给你自己行个方便，去其他地方工作吧。请马上离开！去找个你感到愉快的工作场所。这会给你的经理节省时间，还会节省对你造成的毒瘤进行外科手术所需要的时间。你的经理不会容忍你的糟糕态度在整个公司转移并传染。如果你不辞职，你会被踢出去。

如果你和抱怨者共事，请向他们解释他们的糟糕态度是如何影响了你和你的同事。如果他们就是不在乎，建议他们去不会让他们那样不幸的地方工作。希望他们会听从建议并自己选择离开。如果他们不听，应立即采取行动或者建议有能力的人立即采取行动。正如你所看到的，对这种暗中为害的**但是**，我们不会有太多耐心。

与消极抱怨对立的做法，是要结合现实，根据实际情况和程度大小强调问题的积极性方面。对太过消极这一问题，不能采取截然相反的做法作为解决方法。如果你对于各种局面，无论好坏，总是脸上带着夸张的笑容来面对，你很快会丧失信誉。

“但是”的典型症状6：盲目乐观

“查尔斯乐观、积极，我很喜欢，**但是**有时候他近乎妄想。”

《乐观先生》是“杀手乐队”唱的一首歌，在2004年排名畅销榜榜首。这首歌唱的是一个年轻人因为他深爱的女子受到另一个男人的引诱而感到痛苦。讽刺的是，在这一烦恼中，有古怪的重复的旋律：“我是乐观先生。”如果你是办公室中的乐观先生，你有事情要做了。

尽管乐观是很棒的个人特点，但你的积极态度要以现实为基础。生意不会仅仅因为某人希望它有进展或更有竞争力，就真的会变成那样。希望有更好的未来并不能确保就真有一个更好的未来。如果你总是乐观，但没有策略或者行动来对你的乐观进行支持，你会在同事和老板那里丧失信誉。

解决方法：在任何时候都不要脱离现实。我们一直引用的一句伟大的格言这样说：“如果你周围的人都感到恐慌，而你却能保持头脑清醒，你可能并不了解局面的严重性。”如果你有问题，那就谈论问题并解决问题，而不是仅仅去看着问题。如果你发现了机会，请设计捕捉机会所需要采取的特定步骤，提供详细的事实和可衡量的趋势来为你乐观的原因提供支持。你要向人们证明，对你的业务每天所面临的风险和收益，你都有客观的判断，它们都在你的掌握之中。

“评价即现实”的整个概念是：你周围的人每天都在评价你的特点和才能。他们需要将你视为卓越的人，这样才能让你进步。周围的人是如何看待你的，这真的很要紧，因为他们帮助你创造一个真实的你。

总结：如果你仍然对你自身的**但是**的存在与否或者大小有怀疑，我们不会惊讶。你甚至可能会对我们的一些话语断章取义，对负面的评价也感到乐观，诸如“卡桑德拉真的很聪明，**但是**她从不住口”，至少大家都说卡桑德拉真的很聪明，不是吗？

错了。一旦你说出了“**但是**”这个词，听众就会忘记之前说过的所有积极评价。你的**但是**是对与你有关的好的事物的最大否决者。

我们打赌你认识讲话太多、总是抱怨或者过分乐观的人。当我们审视这些**但是**时，你的家人、姻亲、同事或者老板的名字和音容笑貌可能已经跃入你的脑海。你不禁要将这些常见的**但是**同你认识的人联系起来。你猜会怎么样？这些**但是**塑造了你对他们的印象。同样，你的**但是**也塑造了他人对你的印象。你在做或说一些形成了负面工作形象的事情。你没有做或者说其他的事情，这是在评价表现时，别人得分比你高的原因。如果你还没有发现你的**但是**，继续向后读，还有更多的**但是**。现在请将你的自尊锁进橱柜，放弃你的自我防卫心理，使用你的自我意识，向你还不完美这种可能性敞开头脑。真相很伤人，真相会将你解放。让我们一起去寻找**但是**吧。

第2章

发现你的“但是”

现在，我们希望你已经接受你有**但是**这一现实。现在你必须变成真相探索者并开始发现你的**但是**的任务。它就在那里，其他的人都能看到它，你必须追踪它，你必须抓住它，你必须追究它，然后你就可以征服它。

对你的“但是”发布“全面通缉”

从《警网》（1954年由杰克·韦伯执导的一部美国电影。——译注）到《纽约重案组》（美国制作的一部犯罪题材的电影，该影片主要讲述了发生在纽约市的种种犯罪案件。——译注），熟悉犯罪剧的人都知道当警方发布了“全面通缉”（APB）时，他们在寻找一个带有武器的、危险的犯罪分子。好吧，你的**但是**也带有武装，也很危险，所以如果你想将其抓住，你最好也发布一个APB。然而对**但是**这种情况，APB并不意味着“在所有地方粘贴广告”，我们让它代表Aptitude、Personality、Behavior，即天资、个性和行为，让我们看看你的**但是**属于这三个方面的哪一个。

★ A代表天资：是指在某种水平上，做某种特定工作的能力的先天要素。

转化为：你擅长做某件事还是不擅长做某件事。

★ P代表个性：是指区分一个人与另一个人在感觉、思考和行动的不同方式方面的差别。

转化为：这只是与“你是谁”有关。这在你的DNA中就决定了。

★ B代表行为：是指一个人在对外部刺激做出行动或反应时对自己控制的方式。

转化为：当你在不同的环境中自己工作或者和他人一起工作时，你会怎么做。

APB描述了每一个**但是**的根本原因和症状。当人们缺乏他们的工作对特定任务所要求的天资时，他们会产生**但是**；许多**但是**是个性的真实反映；其他的**但是**产生是因为人们的行为可能令他们的同事恼怒或者是损害了同事们的业绩。

但是会被这三个因素中的任意因素引发，在大多数情况下，一种因素往往会对另一种因素产生激励作用。如果你天生没有耐性（个性），你可能会在完成必要的调研之前过早地上马一个项目（行为）。一个害羞和怯懦（个性）的人不会擅长于主动与准客户接触（天资），可能每天上班迟到（行为），因为他们不喜欢他们的工作。此外，因为你认为你不需要（个性），所以不参加销售培训课程（行为），与同事们相比，会削弱你的销售技巧（天资）。

下面是工作中的APB：

“但是”的典型症状7：太情绪化

“本非常有能力，**但是**他太情绪化了。”

没人愿意和一个情绪化的人共事。你永远不知道谁会出现在工作场合，是哲基尔医生还是海德先生？（哲基尔和海德是英国小说家史蒂文森《化身博士》中的角色，医生哲基尔喝了试验药剂后，晚上会变成邪恶的海德先生，而白天则是温文尔雅的哲基尔医生。因此“哲基尔和海德”也成了心理学中“双重人格”的代称。——译注）情绪化的人在走进房间的那一刻，就能给当天定下糟糕的基调，因为他们向身边的每个人传递负能量。经理们往往无法面对这种问题，因为这种问题时不时就会发生。此外，因为没有简单的解决方法，使得这些大的**但是**对经理们来说更难处理。然而，如果对这种**但是**视而不见，可以保证，它不会自动走开。一个情绪化的人的糟糕的一天，会导致其他所有人的糟糕的一天，尤其是那些和情绪化的人靠得最近的人。

APB：导致这种**但是**的原因是个性。本天生就是情绪化的。这个**但是**直接触及了“本是谁”以及“他如何对压力、冲突或者日常工作局面做出反应”的核心问题。他的情绪化通过负面的行为自己表现出来，例如苛刻批评同事或者抱怨项目，尽管他的坏情绪的真正原因可能是不相关的问题，例如早晨交通堵塞或者复印机失灵。这些行为是真正的问题，尽管这不会影响本对工作的天资，但的确对本周围的人有影响。本的**但是**可能意味着，他将失去下一次的晋升机会。

解决方法：如果你是那类情绪化的人，请对你的情况进行把控。后退一步，要具有自我觉知。意识到你的生物节律的突变是如何对你周围的人产生了负面影响。尝试一下减轻压力的行为，例如数数、深呼吸或者紧攥压力球，用积极的方式摆脱这些糟糕的氛围。如果你知道你会遭遇糟糕的一天，无法对你的反应进行控制，那么就对你的会面进行重新安排，并关注一些你可以独立完成的工作。当人们不需要直接经历问题时，问题就不算问题了。对你的情绪进行掌控，或者至少在与别人接触时对情绪进行掌控。

那些能够对事业和生活中的压力进行很好平衡并能够进行掌控的人能够担任领导者。如果你是团队的领导者或者其他人的经理，你必须格外留心你的情绪，因为如果情绪的影响是负面的，结果会是毁灭性的。还记得当你还是孩子时，你的父亲或者母亲带着坏脾气下班回家吗？对任何人来说，这都不是开心的事。如果你是团队的队长，使你的船（英文中队长和船长都是captain，在本句中作者使用了双关。——译注）和你的情绪保持平稳。如果你想管理别人，那么你最好先管好你的**但是**。

在找出你的**但是**并进行管理时，关键是对你的天资、个性以及导致这些不受欢迎的行为的诱因有一个深刻的认识。这种深刻认识来自于不断的自我评价和自我反省。你必须问自己很多问题。

天资：我擅长什么？我喜欢做什么？什么活动让我充满精力并使我强大？什么活动让我筋疲力尽并且降低我的自信心？

个性：我是谁？我珍视什么？我想要什么？我怎样与外界互动？哪种类型的工作和我的价值观、希望、需求和身份最匹配？

行为：我什么时候会用伤害我的同事或者公司的方式行动？哪种局面诱发了这种负面或者坏的反应？我公司的哪个人让我最来气？我应该如何更好地预知或者避免这些局面，这样我能够自我觉醒并做好和他们打交道的准备。

当你通过问自己问题来完成APB时，你更有可能发现你的**但是**以及它的诱因。通过对根源的理解，你能更好地预见并管理**但是**的症状。APB方法还能让你帮助他人克服他们的缺点和短处。

在你接受一份新工作之前，你可以用APB框架来确定这个工作是否真的适合你。研究一下工作的要求以及团队的文化。然后问自己这个重要问题：这个工作很适合我吗？如果你发现这份工作可能和你的个性或者行为的任一方面发生冲突，那你就需要对接受这份工作再三考虑。如果这份工作和你的天资匹配很差，那么你的**但是**真的会看起来很大，发生得很迅速。去找下一份工作吧！

“但是”的典型症状8：分析能力差

“劳伦有很好的工作道德，**但是**她的分析技能很差。”

《老大靠边闪》（1999年上映的一部由罗伯特·德尼罗主演的电影。该电影的英文名为“Analyze This”，字面意思为分析分析，在此含有双关的意味。——译注）是一部描述有暴力倾向的黑手党头子求医的好笑电影。然而，如果你的工作要求分析能力，那么差劲的分析能力一点都不好笑。有很多杰出的、能干的人，在涉及定量分析时，他们就是达不到要求。在某些行业，你需要能够解读图表并且对数字进行运算。在其他的行业，例如金融行业，你需要热爱数字以及数字背后的全部分析。这并不是你可以作假的。

APB：劳伦想把工作做好，但她不具备技能。这完全是由天分决定的。

解决方法：如果你正在考虑一份需要大量分析的工作，例如金融、会计、精算等方面的职位，要确保你的个人工作技能和兴趣要与工作很好匹配。如果你得到反馈说，差的分析能力是你的**但是**，那你要认真对待。如果你无法进行数字运算，你就无法做这项工作。和你的经理谈谈吧，看看你的技能储备中缺少什么，额外的训练能否缩小差距，或者这是主观决定的天资方面的问题。你要找到答案。也许还有另外一个不错的职位，在那里你的极棒的人际交往或者项目管理能力能够得到充分发挥。

使用APB还能帮助你找到你的**但是**的根本原因，这种原因可能不是你所预想的原因。APB能够帮助你找到应付这些你无法全部消灭的问题的应对策略。

“但是”的典型症状9：怒气冲冲

“南森把工作做完了，**但是**他对琐碎的事大发雷霆。”

20世纪70年代晚期，“冥河乐队”有一首歌叫《愤怒的年轻人》（出自《愚弄你自己》专辑）。这首歌讲述的是一个总是一意孤行的年轻人的故事，他总是对世界充满怒火，因为他坚信这个世界总在找他麻烦。

如果你不相信你的怒火的爆发在伤害你的工作并破坏你和同事的关系，那你是在开玩笑，是在愚弄自己。

没有人喜欢怒气冲冲的男人或女人。如果你认为在怒气爆发后，道歉可以把事情摆平，你是大错特错了。怒气爆发让人遭受折磨，伤痕累累。人们不喜欢或不信任那些出人意料地爆发的人。同事们会一起避开你，或者就像电影《拆弹部队》中驻伊拉克的美军拆弹班的士兵接近装满炸药的汽车那样接近你。记住，如果你是一颗定时炸弹，你的公司首先会拔掉你的雷管，然后将你抛弃。

APB：这是起因于个性缺陷的另一种**但是**。在得知这个问题的起因不是对生气的偏爱，而是对完全不同的另一种情绪的偏爱时，你可能会感到惊讶。我们注意到，在工作和生活中，大多数的怒火是源于恐惧的。当人们的幸福或者工作安全受到威胁或者对其忧心忡忡时，他们会用愤怒来掩饰他们内心的恐惧。如果愤怒是你的问题，恐惧可能就是你的主题。问问自己：“为什么我会这样害怕？”而不要问自己：“为什么我会这么愤怒？”

解决方法：控制住你的愤怒，并且理解你的恐惧。关注是谁或什么事情引发了愤怒，以及原因。尽你所能回避那个人或那种局面。怒火的爆发会让你短时间内感觉很好，但会让你周围的人一个月内都觉得很糟糕。

接下来，如果你感到一种无法控制的、由恐惧驱使的愤怒袭击正在快速发生，此时将你从这种局面中撤出，去一个远离人群的地方，私下里让自己爆发，然后恢复原态，回去工作。

最后，有一个关于行为方面的**但是**的事例。这个问题让那些参与本不必参与讨论的人很受折磨。

“但是”的典型症状10：说话跑题

“沃尔特在会议上发言，**但是**他离开轨道沿着切线飞出去了。”

我们的哥哥汤姆喜欢给费城电台谈话节目打进电话。他创造了一个虚构的打进电话者的角色，名字叫“来自东北的赛尔”。赛尔总是听起来有点夸夸其谈，说话略带一点结巴。在这个识时务的世界，即便是脾气不好或者鲁莽的电台主持人也不会因为来电话有最轻微的残疾而挂掉某人的电话。赛尔会试图就当天的话题占用主持人的时间，只要主持人允许，他会一直自说自话。对当前的主题，赛尔会讲述一个亲身经历的、似乎与主题有关的故事。然而，赛尔的故事没有开头，没有结尾，充斥着许多偏离主题的内容，不知他会把话题引向何处，这是汤姆故意这样做的。赛尔会用逐渐增强的语气讲述，直到他攒足精神说出故事中的精妙之语，这种精妙之语也是狗屁不通的。我们的哥哥汤姆个人最好纪录是令人难忘的在线18分钟的虚构的闲聊，涉及的是来自东北的赛尔和他所谓的部队战友，费城老鹰橄榄球队的前主教练里奇·科迪特的故事。

你的同事们很忙，当召集会议讨论一个问题或做出决定时，极端重要的一点是你要围绕主题。提及其他主题或者离题的故事会浪费大家的时间，并且降低大家对重要主题的关注。一群高薪酬的决策者围坐一桌，耗费公司大量金钱以及机会成本，因此请确保每一分钟都是值得的。在完成工作之后再分享你的逸事或者与之相关的故事吧。

APB：偏离主题是一种与缺乏自我觉知能力紧密相关的行为。这往往是讲话者愿意听自己讲话的结果，尽管即使是讲话者也没有注意到自己在说什么。

解决方法：在会议上发言时，不要跑题。无论主题是什么，确保紧扣主题。我们确信会有其他主题，但会议室中的每个人都希望解决大问题。偏离主题的故事或者次级主题会浪费时间，降低关注，让会议室中的每个人分心。来自东北的赛尔，对于讨厌的、被蒙在鼓里的电台主持人耍把戏是有趣的。在不重要的主题或者事件上浪费公司的时间和金钱就不好笑了。

APB是一件将注意力集中到往往难以捉摸的**但是**问题上的简单工具。与本书中提供的任何其他建议一样，APB方法需要工作、关注和自我反省、自我意识的承诺。最重要的是，它需要必要的谦卑，承认我们都远非完美的。一旦你做到了这些，你就会成为一个真相探索者。

掌握真相

没人能忘记电影《义海雄风》中，杰克·尼克尔森说“你无法掌握事实”的经典镜头。在此，我们的警告是，如果你去寻找关于你的**但是**的真相，你最好确保你能掌握它。但并不是每个人都能做到。

当下，你可能会说：“我总是向老板寻求反馈。”你这样做很棒。然而，你如何对待老板的反馈这才是真正要紧的。一般人都喜欢指责自己的经理，因为他们往往不能给员工提供足够的反馈。然而，在很多情况下，问题的根本是员工根本没有倾听和接受信息，并按照经理的暗示去行动。我们无法告诉你到底有多少次我们给员工提供了反馈，但他们总是选择用无数的互相指责和编造借口来扭曲反馈。对于还没做好准备去掌握真相的人，“你不明白”是他们常见的回答。这往往随后会接上一堆堆的“如果”和“**但是**”，这样他们就不必接受他们的**但是**。在最极端的事例中，指导性的反馈遭遇的是愤怒和侮辱。这些局面对于经理来说是最沮丧的，对于反馈接受者的事业也是最具毁灭性的。

如果你寻求反馈，那就诚挚地、优雅地接受反馈。你被告知的就是真相，对于这点要敞开心扉和头脑去接受。提供真相的人就是在向你提供珍贵的礼物。如果你打开礼物并使用，礼物会让你的生活变得更好。我们在自我意识中所缺乏的东西可以由那些希望我们的生活比现在更好的关心我们的人提供。你不想比现在更好吗？

然而，发现你的**但是**往往很难，因为你的许多同事，还有你的经理，可能害怕提供真正坦率的反馈。因此，很关键的一点是：你要主动地在公司寻找真相告知者，知道并理解是什么在拉你后腿。真相告知者就是在你的公司或你的个人生活中，那些坦诚的并且具有告诉你真相的勇气的人。真相告知者有可能不是你的直接经理，否则你早该发现了；真相告知者有可能不是和你竞争的同事，因为让你的**但是**逃开你的法眼可以保护他们的既得利益；真相告知者会是导师、朋友、高级管理人员，甚至是你的助手。你的配偶可能对你的**但是**很熟悉，尽管配偶可能不了解在工作中你的**但是**的显露是如何负面影响了你的工作。

相信我们，总有某个了解你的**但是**并且有胆量告诉你的人。你必须找到这个真相告知者并从他们那里获得真相。只有到那时，你才能发现是什么妨碍了你的升迁。当你真的发现后，振作精神，克服**但是**。虽然这将是个痛苦的过程。

“但是耳光”

“**但是**耳光”指的是别人对你的看法突然成为事实的时候，你对自己的想象会在别人对你的看法的重压之下粉碎。从本质上讲，这是你的真相时刻。如果你足够幸运，找到一个直言不讳告诉你真相的告知者，我们希望确保你在情绪上对于你将被告知的东西有所准备。我们无法充分强调一种好的、传统的“**但是**耳光”带来的震惊和敬畏。它会重重地打击你，让你的智齿都松动。如果那是很大的、丑陋的**但是**，你会从心底和灵魂深处感到痛苦。记住，一旦你的真相告知者开始讲述，他们就不会有所隐瞒。

下面是一个可能会导致轻一些的“**但是**耳光”的**但是**的事例，因为这种**但是**易于掌控，因此你的真相告知者也易于开口。

“但是”的典型症状11：怯场

“文森特工作努力，**但是**他在危急时刻会怯场。”

你们这些看电视和电影上瘾的人会记得老版本《蝙蝠侠》电视剧还有早期的《蝙蝠侠》电影，在其中阿诺德·施瓦辛格扮演了这位令人敬佩的反派。而阿瑟比兄弟喜爱冰冻先生（电影《蝙蝠侠与罗宾》中的角色，为了救他的妻子，他试图用冷冻引擎冰冻整个城市，遭到蝙蝠侠的阻挠。——译注）。然而，没有人喜爱办公室中的“冰冻先生”或者“冰冻小姐”。当遇到多重的和同时发生的问题时，人们会闭嘴。他们因为恐惧而身体不听使唤，他们看起来就像被冰冻先生用液冰枪喷洒过的蝙蝠侠。如果有那么多事情需要做，这些人就会失灵，发现他们自己什么都做不了。不要让你自己变得被压力压倒，否则你的同事会认为你无法掌控更多的责任所带来的要求。

APB：怯场的行为，在大多数情况下，是由诸如恐惧或者焦虑等情绪引起的。一位冰冻先生会被大场面吓倒，因为他无法将情景分解成为可掌控的片段。

解决方法：当面临多维度的问题时，要冷静，不要怯场。将任务分解成更小的步骤和模块，关注你能够完成、影响和/或控制的优先级最高的事项。不要让更大的、无法控制的事项阻止你去果断行动和投入可完成的任务，清晰思考，果断实施。就像你永远不想让别人看到你流汗一样，你永远也不想让别人看到你发抖。

对于愿意告诉你真相的人来说，那些不受约束的**但是**会让他们越来越难启齿。在你的**但是**发展的时段内，你无视**但是**的存在，对它的影响变得熟视无睹，你在等待着接受最痛苦的“**但是**耳光”的掌掴。

“但是”的典型症状12：无所不知者

“安德鲁真的很聪明，**但是**他是个无所不知者。”

“美国偶像”冠军凯莉·克莱森在她的热销歌曲《无所不知先生》中完美地捕获了这种**但是**。

这是那种抓住每个机会向全世界显摆他是对万物多么了解的人。也许在你的生活中你也遇到过这种人。无论讨论什么话题，他们都会抢占对话，用他们的经历、读过的文章、自我感知的观点或者视角占据对话。这个无所不知者会打断其他发言者的话或者帮他们结束对话。当你试图说话时，无所不知者恨不得灵魂出窍，因为他们等不及，要把所知道的一切告诉全世界。无所不知者最令人烦恼的习惯是，当你试图告诉他们一些重要事情时，他们会一边摇头晃脑一边说：“我懂，我懂，我懂。”

APB：尽管无所不知者认为他们是在向世界展示他们如何聪明，然而他们实际上是强调了他们如何没有安全感、自私和恼火。在很多情况下，他们也在视角、知识和经验方面输给了那些实际上比他们懂得多得多的人。随着时间推移，无所不知者也会被变得越来越孤立，因为他们的同事对试图告诉这些无所不知者某些事情却被反复弄得闭嘴感到厌烦。对于朝向无所不知者的信息流动最终会消失，让他们与公司其他人相比处于极大的劣势。

解决方法：如果你是个无所不知者，自己克服毛病。你不会，也不可能知道所有的事情。请认识到你的**但是**有多让人恼火，认识到它会如何负面影响别人对你的感受。如果你不珍视你的同事的信息或者看法，他们就不会继续提供信息或看法。在一个公司中，信息是最珍贵的财富，你的可憎行为会使你永远都得不到任何信息。

为了克服这个毛病，问问你自己如下问题：为什么你认为有必要了解所有的事情？是什么诱发了这种必要？是没有安全感吗？是对占据统治地位的渴求吗？你是为了抵消你在其他某些方面的不足吗？为什么你总想让自己成为房间中最聪明的人？我们不是西格蒙德·弗洛伊德，但你必须找出这种行为背后隐含的东西。不要再试图表现得那么聪明，让你周围的人也能有机会聪明一次，认真倾听他们说些什么，让他们把话讲完。最重要的是，要重视他们的贡献。你会对他们了解得如此之多感到惊讶，对你闭上嘴认真记笔记能学到如此之多的知识感到惊讶。

在鲍勃个人的“**但是**耳光”疗程中，有两下就像铁头皮鞋踢打一样的重击。他不仅欺负下属，他还不感激那些帮助他和团队成功的人。鲍勃可以试图用“我积极进取和果敢”来摆脱说他欺负下属的评价，但不感激别人的“**但是**耳光”却伤他很深。他被某些关系疏远的同事视作杰克·韦尔奇在他的很多关于领导力的书中描述的傻瓜。

鲍勃和他的经理的训练教程让我们想起了1987年的电影《月色撩人》。去看看雪儿打尼古拉斯·凯奇耳光并高喊“重新振作起来”的那一段吧。仔细看看这段。她打了他一次耳光以引起他的注意，然后她又打了第二次耳光，这第二次耳光速度、力量和强度是第一次耳光的两倍，很猛烈。因为你自己的**但是**而遭到耳光是很糟糕的事情，还有一件事比这更糟糕，那就是在遭到耳光之后，在很短的时间内被打了第二次耳光。无论如何痛苦，“**但是**耳光”会让你从每个人都容易受到影响的否定和自欺欺人中“振作起来”。

你的**但是**越严重，你的“**但是**耳光”就越重。像喜怒无常、无所不知等问题对士气、公司以及你的工作都是具有毁灭性的，好的管理者会积极主动地面对这些行为。第一次听到说你具有毁灭性是痛苦的、让人目瞪口呆的经历。但在每个单独的事例中，“**但是**耳光”都是走向恢复之路的必需步骤。在鲍勃的事例中，他可能会带着他的**但是**到处游荡，直到他某天被毫不客气地炒鱿鱼（实际上，到时候会有一个仪式，但不会邀请鲍勃参加）。

倾听你的“但是”

如果一位说实话的人乐于向你讲述你的**但是**，你最好要倾听，认真听。你必须解除你所有的自我防卫（争辩）和逃避（否认）的本能，就坐在一边，听取所有的话。要听所说的话，也要倾听那些可能太伤人以至于向你说实话的人无法付诸语言但用其他方式暗示的信息。“你需要更有团队精神”是意味着“你不要再做以自我为中心的傻瓜了”；“多花一点时间和你的同事在一起”是意味着“他们认为你是个自大的势利眼”；“抓紧一点，多多担当”是意味着“你是这个团队里最懒的人”。人们往往是善良、有礼貌并且对你的感受很敏感的。这就是他们大多数人都是糟糕的真相告知者的原因。优秀的管理者和优秀的真相告知者关心更多的是你的业务和公司，而不是你的自尊和感受。如果你找到了你的真相告知者，请珍惜他们。当他们讲述时，不要像拳击场上体力不支的拳击手那样退缩到角落里，将身体靠在拳击台四周的绳子上做“倚绳待机”并伺机反击的事。你应该站在场地的中间，把手放在身体两侧，接受你的真相告知者发出的每一记直拳和勾拳。

与真相告知者接触，激发他们，询问很多问题，咨询细致的例子，寻求澄清。即便你开始的时候不同意真相告知者的评价，也要完全吸纳并信以为真。你稍后会有大把的时间来理顺你所学的东西。如果在讲述真相的过程中让你的战斗和逃离的直觉出现，你会在两个方面失败。首先，你必须接受的重要反馈会被你自己的否定和争辩淹没。这些辩护被称作“反驳”，因为你在抵制你的真相告知者要向你透露的你的**但是**。

其次，你的推脱可能暗示你不能接受建设性的反馈或者你对完善自己的表现没有兴趣。听一听你的**但是**是什么，并对其承担责任，这是你能够役使并管理你的**但是**的唯一方法。这就像药物干预或者嗜酒者互诫协会的12步项目程序。在你能够真正去解决问题之前，你先要认识到并承认你有问题。与不接受你有**但是**有关的最大风险是你周围的人会放弃你。如果一个人被告知有问题，但却拒绝承认或者解决这个问题，那谁愿意和他共事呢？

这种形式的否认让我们想起了因为超速被命令路边停车的事。我们的父亲是一位纽约市的警察，因此我们曾经对此情形接受过训练。如果你告诉拿着雷达测速枪的警察你没有超速，你基本上就等于在说他是个白痴。我们可以保证，如果这是你的第一回应，你会接到罚单。正如我们的父亲常说的，首先向警官承认，你肯定做错了某件事情，否则你不会被要求路边停车。这是你在得到警告后就被放行的唯一希望。要不就采取喜剧演员史蒂文·莱特的荒诞方法吧：“是的，警官，我是在限速45英里的地方跑了75英里每小时，**但是**这一个小时之内我并没有一直在开车。”你不愿意承认你的**但是**，还希望有所改观，这是同样荒诞的。这意味着你的选择要妨碍你的个人成长以及团队的成长。

“为什么人们会对自己进行妨碍并且忽视来自他们的真相告知者的重要信息呢？”每当我们看到这样的情况发生时，我们就会问自己。人们的自我保护心理毁掉了他们的潜力。此外，如果你的**但是**事实上是你是阻碍者，它所阻碍的唯一的东西就是你自己的前途。事实是，某些人极度渴望保持他们的现状。不要成为他们的一员。

“但是”的典型症状13：抵制变革和创新

“彼得在风险管理评价中得分很高，**但是**他是一个蓄意阻挠者。”

业务阻碍者（BPU）是业务阻碍部（Business Prevention Unit）的一员。这些人认为世界是静止的，他们认为今天的成功也会带来明天的成功。一个业务阻碍者为当下投入了血本并把一切希望都寄托在今天。他们不希望改变，因为任何改变都可能削弱他们的权力基础。因此，他们认为所有的新事物都太有风险以至于不敢尝试，因为万一公司改变了，就会给他们带来风险。业务阻碍者的存在是公司在壮大的同时却总是发展缓慢的原因。

我们确信，你们公司中也有这类人。我们相信，每个组织中，都像外科手术般植入了一些这样的人。他们正襟危坐在管理、控制、风险或执行委员会之中，尽管他们可能在这些领域毫不在行。有时他们只不过就是坐在旁听席，等着抨击或者阻碍任何具有创新性的新方法的尝试。他们尽其所能扼杀所有背离了常规商业道路的任何创新性念头。

对新的商业冒险行为提出忧虑或者进行风险评估是任意一种充满活力的新产品或者创新性商业活动认可程序的一部分。由有经验的委员会成员对这一功能进行监管是非常重要的。要倡导一种新的举措，就要对可以管理的以及不可控制的风险进行详细的评估，以此做充分准备，去克服各种反对意见。业务阻碍者带来的问题是他们往往借助恐吓战术，提出难于定量分析的疑难问题故意增大问题的难度或者转移方向。他们使用不祥的措辞，比如“商业风险”“声誉风险”“营权风险”“监管风险”或“诉讼风险”来将房间中的人全部吓跑。每当讨论在商业模式中进行改变时，业务阻碍者就会抛出这些术语。这些术语被用来试图使决策机构瘫痪。有些时候这种恐吓战术奏效，有些时候则无效。不管奏效与否，这些兜售恐吓的措辞的行为造成了时间、精力的浪费。

如果革新的鼓吹者和决策机构能够克服业务阻碍者杞人忧天的忧虑并敢于接受新的商业风险，那么业务阻碍者就会运用他的下一个钟爱的战术。业务阻碍者会像认购期权那样，如果革新失败了，他们就会说“我早就告诉你会这样的”。业务阻碍者从来不会对新的创举提供公开的支持。相反业务阻碍者会告诉每个人他们“很忧虑”，并警告委员会，这会很糟糕地失败。我们怀疑，业务阻碍者私下里其实希望新的创举会悲惨地失败，因为业务阻碍者们宁愿去说“我早就告诉你了”，也不愿意看到创举成功。

大公司就像磁石一样吸引着业务阻碍者，是滋生业务阻碍者的地方，这些人与生俱来就只会做官样文章。业务阻碍者总是试图将那些对生意进行完善和改进的人的精力耗干。和一个业务阻碍者共事就像不放手刹就开车。同样的道理，一旦你发现业务阻碍者是问题的关键，你就应该像松开手刹一样马上把他们放开。记住，有才能的人希望与能够帮助他们推动生意前进的人一起共事。我们并不是鼓吹超速行驶，然而，如果你不去发现并去除你们公司的业务阻碍者，你的公司就会陷入平庸。

APB：业务阻碍者一般来说并不是能力方面的问题，尽管我们经常遇到一些人会问，他做了什么？他们有什么才能？他们创造过什么价值？到底谁了解他们？但业务阻碍者的个性才是问题的根源，业务阻碍者的内心是恐惧不安的，他们是生来如此或者在人生发展的早期就变成这样，未知事物在他们心中产生恐惧，而变革会带来未知。业务阻碍者希望世界以及他们在世界中的角色都一直不变。正是这种对变革的恐惧导致了阻碍者的行为。这也削弱了他们的天资优势，因为他们从不尝试新事物，这导致他们几乎不学习。

解决方法：问你自己“我可能会是业务阻碍者的一员吗？”这是

一种可能会限制你的发展并惹恼你的同事的**但是**。你所认定的适当的健康的怀疑主义可能会被他人视作创新的阻碍；你所认定的纪律和谨慎可能会被他人认作僵化和对前景没有把握的表现；你认定的所谓集中注意力可能会被他人视作没有创新力和动力。要减少这种**但是**，你必须接受新的思维。用热情和精力探究这些有潜力的创新，并找出使它们生效的方法。尝试一些新事物，冒一些险。因为未知因素，变革可能会令人害怕，但这是成功的生意所必需的。现状肯定会改变，业务阻碍部也注定会消亡。不要成为安于现状者或者业务阻碍部的一分子。

当从你的真相告知者那里得到反馈时，首先承认反馈中肯定有事实，你承诺会在这个发展领域进行完善。没有什么事比听到某人接受反馈并承诺进行自我完善更让真相告知者有勇气，从而对发生积极的改变更加乐观的了；没有什么事比被回绝说不知道他们在说什么——即便真相告知者掌握着不可辩驳的证据——更让真相告知者感到愤怒了。那些回绝或忽视真相告知者的人这样做是在拿自己冒险。

在你受到“**但是**耳光”后，你也可以对其进行传递。一个好的真相告知者在打你“**但是**耳光”前，会开诚布公地、诚实地谈论真相告知者自身的**但是**。对真相告知者自身的弱点的承认，在真相告知者和即将接受他们恼人信息的人之间产生了一种信任和容纳的气氛。真相告知者不仅要尽可能地提供他们的**但是**的细节，还要提供他们是如何意识到**但是**的。他们的真相告知者是谁？他们是如何被**但是**的消息冲击的？他们是如何反应的？关于这些主题，他们的**但是**现在在哪儿？真相告知者要表达对他们自己的真相告知者的感激之情，这极端重要。这能够保证信息在接纳时被视作关怀和指导性的反馈，尽管信息可能很刺耳。这也会增加今天接受"**但是**耳光"的人成为未来的真相告知者的可能性。

第二种意见

如前所述，当你的真相告知者向你讲述你的**但是**时，你必须开放内心世界并且自我反省。然而，真相告知者和医生一样，诊断并不总是正确的。有时他们会犯错，这意味着你一定要寻求第二种意见。在你已经了解了最初的**但是**诊断后，去找其他的真相告知者、同事和朋友，看他们是否赞同初始的评价。他们可能赞同，或者可能不赞同。不管赞同与否，你必须自己完成应完成的工作，这是极其重要的事情。

我们的朋友保罗是一个非常成功的私募股权投资者。在他事业的早期，他的公司的首席执行官告诉保罗，自己擅长执行但没有战略眼光。在保罗的事业的那个阶段，他主要注重的是管理和公司整合。最初，保罗受到触动并将这些话记在心中。然而，随着时间的变迁、不断努力改正，以及深具洞察力的同事、导师和其他业内专家的帮助，他认识到他老板是彻彻底底地错了。保罗批判性地对自己进行评价并请求与他共事的人对他的能力和弱点提供反馈。保罗的眼光和战略被评价为与执行能力同样优秀。保罗的老板将自己设想成为有眼光的战略思考家，因为保罗一直从事吃力不讨好的、整合证券公司等工作，他被看作“执行者”。幸运的是，保罗从未接受这一诊断，并不断积极寻求其他选项。他检查了工作中自己的天资、行为和个性（APB再次出现了！），得到了截然不同的结论。今天他已经是私募股权领域多个分支中最出色的战略思考家之一了。

如果你收到了一个你认为不准确的诊断，那么就去寻找第二或者第三种意见。关键是自我意识要准确；保罗认真倾听真相告知者对他的告白，尊重他们的“**但是**耳光”，并检查了他的表现，得到了这个**但是**并不属于他的结论。**但是**是非常严肃的事情，错误的诊断会导致不正确的处理。作为患者的你，如果不去寻找第二种意见，可能会变得更差。

正如我们所说，**但是**是非常严肃的事情，但不要被误导……

“但是”的典型症状14：为何如此严肃？

“凯文是很好的会计，**但是**他需要放松。”

“为什么这么严肃？”这是在电影《黑暗骑士》中，作为丑角的希斯·莱杰嘟哝的话。这也是某些紧张、焦虑不安、没有幽默感的员工应该被问及的问题。当某些人气喘吁吁地描述技术升级革新的挑战时，如果你看到他们脖子和太阳穴青筋暴露，这不会激起信心，只会让人们感到紧张和筋疲力尽。这种“压力机器”所认为的激情和承诺会被同事们视为等待中风发作。除非你是训练有素的医护人员，你真的希望和这么紧张的人一起共度时光吗？

APB：在这种情况下，你的紧张的**但是**不是缘于你在体育馆进行体育锻炼的深蹲动作，某种程度上是缘于你的个性。你是一个非常认真的人，你有可能对你的工作，你自己太认真了；你可能没有表现出坏行为，但你可能缺乏一些好的行为。微笑着和人打招呼并说“早上好”是必需的行为；向帮助了你的人说“请”和“谢谢你”是好的行为；用有趣的评价让充满紧张气氛的会议室放松下来也是必需的行为。要做到这些，并不需要你成为克里斯·洛克（美国著名喜剧演员。——译注）。

解决方法：放松下来。我们并不是在这里做脑外科手术，我们也不是在1944年6月6日乘坐一艘希金斯小艇在奥马哈海滩登陆（1944年6月6日，盟军在法国诺曼底进行了登陆战，在奥马哈海滩的战斗是诺曼底登陆中最惨烈的战斗。——译注）。我们只是在向客户展示产品和服务。获得合理的利益并不是非生即死的活动。你可以时不时微笑并且和同事进行与目的无关的对话，将强度降低几个等级，工作还是能做完的。全神贯注并懂得放松的运动员和员工比那些紧张并有压力的运动员和员工表现更好，工作也更出色。

处理你的“但是”的五个阶段

1969年，伊丽莎白·库伯乐-罗斯在《关于死亡和濒死》一书中描述了得到死亡诊断的患者在离开人世之前经历的悲痛的五个阶段。

1. 否认：他们拒绝相信他们就要死了。

2. 愤怒：因为他们的处境，他们对上帝或者人生充满愤怒。

3. 讨价还价：他们开始与上帝或者自己谈判，祈求更多的时间。

4. 绝望：对于即将来临的死亡，他们郁闷并且哀伤。

5. 接受：他们接受了即将死去的事实，对此变得平静。

请放心，你们的**但是**不会杀死你们。然而，如果**但是**得不到诊断和快速处理，它的确会使你的事业出问题。如果你在工作中付出大量辛勤劳动并且非常在乎别人对你工作的评价，进行一次严厉的**但是**诊断会伤害你的感情，在极端情况下还会在身体上伤害你。当你的真相告知者揭露你的病情时，你会经历上述五个阶段。你的**但是**越厉害，经历这些阶段所需的时间就越长。

让我们假设你的经理苔莉突然把你叫进她的办公室。你正和战略团队忙于一个大项目，因此你猜测她需要听取最新进展。苔莉关上你身后的门，请你坐下。苔莉说：“杰拉德，我刚结束和战略团队的电话会议，他们告诉我你没有团队合作精神。他们说你不合作，你很有心理防御意识，他们得不到你的正面沟通信息，要想得到信息必须从你这儿窥探。我自己也注意到了你的这些表现，这些行为需要得到纠正。”

杰拉德对战略团队对他的评价以及经理对评价的赞同态度感到非常震惊，而且有受到严重伤害的感觉。现在他必须分析这一信息。杰拉德可能会用库伯乐-罗斯式的方式进行如下分析：

否认：“这全是胡说八道。我不是那样的人。”

愤怒：“现在苔莉试图收拾我。我敢打赌，战略团队的詹妮是所有这一切的背后黑手。我要大声骂她，然后我就辞职。”

讨价还价：“我不能辞职。我怎么给我老婆说？我的大女儿就要上大学了。我的儿子正在矫正牙齿。我需要这份工作。我必须稳坐不动并开始环顾四周。”

绝望：“没有希望了。我在这个地方投入了15年的心血，每个人都认为我是不受欢迎的人。我要躲进自己的小隔间，管好自己的事情。”

接受：“好吧，可能开始的时候我对这个项目没有支持。是的，我可能有点防御意识，因为这个项目对我来说只有负面影响。我也许有能力对这些问题开展工作并解决问题。我将面对它，我应该能够对事情进行弥补。”

在这个例子中，当真相告知者苔莉告知你的**但是**时，你用你的方式经历这五个阶段，这是很自然的。我们的建议是，你应尽快、尽可能安静地这样做。如果你在否认和愤怒阶段滞留过长时间，对你周围的人来说，这很明显，这会让你更受挫折。同样，如果你走来走去，像一个显眼的、直言不讳的有异议者，你是在找更多的麻烦。如果你的目标是被炒鱿鱼，那就用大张旗鼓的方式来进行否认和发泄你的愤怒，我们保证你会成功。

如果你就此事一直和你的真相告知者或其他的任何人争辩，你不会坚持太长时间。

“但是”的典型症状15：爱好争辩者

“我很欣赏苏珊的有力的观点，**但是**她太爱争辩了。”

我们在新泽西州北部长大，都是纽约洋基棒球队的球迷。在20世纪70年代末期，乔和汤姆（也就是来自东北的赛尔）实际上都是洋基体育场的供应商，因此我们都很熟悉比利·马丁。他是洋基队的主教练，可能他也是古往今来最能争辩的人。当比赛势均力敌、胜负难料并且裁判做出了对洋基队不利的可疑判罚时，比利·马丁会从教练席中蹦出来冲到裁判面前，他会把他的棒球帽扭向一旁，这样他的脸能离裁判更近，他的嘴会喷出带着唾沫的长篇大论。裁判会和比利鼻尖靠着鼻尖，然后将他赶出赛场。比利还喜爱同洋基的老板乔治·史坦布瑞纳争辩，史坦布瑞纳曾经先后五次雇用了又炒掉了比利。

热爱争辩的人会把每一次的争论当作贴身肉搏的比赛。争辩者认为如果有人具有和他们不同的观点，那这种观点以及持有该观点的人就应该被立即消灭。争辩者会不断进攻，直到另外一个人无条件地放弃他们的观点。争辩者将每一次讨论视作成王败寇的口舌之争，他们希望击倒对手，站在俯卧的、没有生命迹象的尸体之上，凯旋般地将胳膊高举到空中。如果你是办公室中从未被打败的争辩者，我们希望你明白，没有人给你打分。如果你是你们高中辩论组的队长，没有人“会在乎”（这是我们父亲最喜欢的一句话）。

在此是对争辩者的一些警示。议题可以不经争辩就进行商讨，人们可以不进行互相攻击就表达异议。隐藏在观点之后的说理力量比大嗓门或咄咄逼人地将身子俯在会议桌之上更有力量。你的“让我们开始争辩吧”的行为可能会在办公室变得过时。人们变得对你更有办法，在需要对重大问题进行讨论时不会再将你包括在内。如果你咄咄逼人地、不合时宜地和同事争辩，也许你也会同客户争辩。这对生意来说是不好的。太频繁或者太咄咄逼人地争辩的人会被判出局，并最终被炒鱿鱼。

APB：不停地争辩是一种个性缺陷，导致了冒犯他人的咄咄逼人的行为。比利·马丁拥有创造性的棒球头脑，他赢得了很多比赛，还赢得了1977年的世界职业棒球大赛。天资并不是他的问题，他被炒了五次鱿鱼，是因为所有的人，包括他的老板都厌倦了他的古怪行为。不要成为比利·马丁那样的人。

解决方法：如果你和喜欢争辩的人共事，这里有几种思路。争辩者喜欢用激怒情绪的评论作为陷阱之上的诱饵，不要碰这种诱饵。我们的好朋友凯文是谈判和人性方面的专家，将这种激怒人的评论或者电子邮件称作“烂泥土之中的球场”。他的建议永远是不变的：“不要去踩那些烂泥。”

另一个需要牢记的格言是：如果你和傻瓜争辩，半分钟后就没人知道谁是傻瓜了。所以不要给争辩者所需要的东西，和他们纠缠只会降低你的身价。

如果你是争辩者，请将争辩缓和几个等级，摆脱愤怒，脱离情绪，走向理性。讨论比争辩更富有成果，因为人们在争辩的时候是不会倾听的，而你不倾听的话会什么都学不到。商业并不是赢者通吃的游戏，妥协是可以非常完美地接受并且往往是更可行的结果。还有，是的，可以允许好朋友和有价值的同事对你表示异议。

一旦你快速用自己的方式经过了这五个阶段，就到了你回到工作并且和**但是**说再见的时候了。对，你对自己很失望，是的，这是一种挫折。至少你现在明白了你怀疑了一段时间的东西，你的事业已经走上歧路，你已经有一段时间不是你的单位的关键之人了，你的态度已经成为挥之不去的问题。这让项目和像苔莉那样的真相告知者终于把你的**但是**从黑暗中拉出来使之大白于光天化日之下。你现在已经接到了信息，这个信息将你击倒并使你脑海中一片慌乱。既然你已经处理过信息并接纳了信息，是对其进行弥补的时候了。这既需要辛勤的工作也需要决心，这两点你都不缺。现在是让你的**但是**从击倒状态站起来并反击的时候了。

变革的痛苦

有人能够在整个职业生涯中从未意识到他们的**但是**在给他们造成巨大的痛苦。尽管他们可能感觉不到痛苦，但他们肯定经历了其他的症状。他们说无知便是福，但真的是这样吗？当出现问题时，也许你再也不是那个特定的专门人物了；与你背景类似的同事得到晋升而你则未被晋升；隔壁隔间里经验更少的人被分派去完成大项目；几年前你培训的人被提拔去其他地区担任更高的职务。你因为被忽视而感到心灰意冷，但你将被忽视归咎于办公室政治、无能的经理、糟糕的人际感情或者公司功能紊乱。有一个理由你没有提及，那个理由就是你。对于自我意识，否定和妄想就像麻药。它们是很棒的掩蔽剂，能让人们接受一个又一个失败，而不去对自身进行审视，找到失败的原因。

了解你的**但是**是什么会很痛苦，理解你的**但是**如何拖了你的后腿会让痛苦苏醒。想想因为你缺乏找到拖你后腿的问题的自我意识而无法利用机会的日日夜夜吧。这是一个痛苦教训。你需要停止隐藏这种痛苦并彻底地接受它。痛苦为改变提供了基础。

人们不喜欢痛苦，人们也不喜欢改变。这两者是紧密相连的。当一成不变的痛苦大于改变的痛苦时，人们进行改变。只有当你理解你一直在忍耐着保持现状的巨大痛苦后，你才会承担与改变有关的痛苦。你的**但是**是失败的原因，然而你选择了忽视它们。为什么？是你的自我意识太脆弱，无法接受你和每个人一样都不是完美无瑕的这一事实吗？承认并接受你的**但是**是一种痛苦的过程，掌控你的**但是**是一种艰苦的工作。在美国海军陆战队，待在基础训练新兵营的青年男女被训练指导者告知：“痛苦就是弱点在离开身体。”

就这个问题思考一会儿吧。你有弱点，我们将其称为**但是**。不要犯错，如果你想征服你的**但是**，过程会很痛苦，需要很长的时间和大量的工作让弱点离开你的身体。美国海军陆战队新兵训练营的培训为期12周。在离开时，年轻男女在身体和精神上都比以前更加强大。你个人的“**但是**训练营”会经历更长的时间。你是为数不多的那些人中的一员吗？你是令人骄傲的那些人中的一员吗？你能掌控事实以及**但是**离开你的身体的痛苦吗？我们会找出答案，不是吗？

不要害怕改变，只需要担心如果你无法改变的话，会发生什么。如果你的**但是**碰巧是基于恐惧的，那么你就要更加努力地工作。

“但是”的典型症状16：缺乏行动力

“桑德拉知道该做什么，**但是**她就是无法开始工作。”

与犹豫不决不同，由于恐惧，你实际上知道你需要做什么，但你就是不敢去做。你为如果你去做的话事情可能会做错而感到烦恼，而不是为你采取行动后可能会有所完善的事情烦恼。如果你被视作害怕或者没有把握，高层管理者会犹豫是否给你更大的责任。没有能力去做就是没有能力领导，人们是不会跟随眼中充满恐惧的人投入战斗的。事业和人生就是采取行动解决问题。对问题做出并实施决定的人总是要比毫无动作的人生活得要好。问题不会变老，所以马上去解决它们吧！

在“二战”中，德国是一个需要解决的问题。乔治·巴顿将军在去往德国和穿过德国的过程中总是让他的第三军处于进攻状态：只有无畏和更加无畏才能击溃一支训练有素、装备精良的德国军队的精神。巴顿知道，与原地不动的军队比，运动中的军队更有攻击性、更自信、士气更高。攻击你的事业中的问题吧，这样可以让你目睹你的团队的成功，并使你团队士气高涨。

APB：不敢行动和无法行动二者的融合将对你的APB造成非常严重的威胁。如果你从未面对过这种特定类型的问题，你可能不会认为你有管理这种问题的天资。如果这样，去找那些以前曾处理过这些问题的人求助吧。恐惧和缺乏信心可能是你的个性的一部分，你可能生来胆小，或者你赶上了对你的胆小和缺乏信心有责任的父母。不管是哪种情况，你都要自己掌控恐惧或者寻求专业帮助。最后，基于恐怖的**但是**几乎总是会被拖延处理——是的，你可以永远都等明天再面对你的恐惧。但记住，问题不会变老，如果留在一边不去管它，它只会越变越大。

解决方法：如果你收到的反馈说你害怕采取行动去开展工作，你最好快速对此采取行动。我们建议你和老板谈谈并告诉老板，你了解了由于你未能采取行动，这正在损害组织；要清楚表明，你会对此问题进行改进，否则就离开公司。这会迫使你随时处于危机之中，你别无选择，除非在被要求的时候做出行动。与夹着尾巴等待他们来让你做出行动相比，这是一个好得多的计划，也是对成功有无限多潜能的计划。

没有可以绕过问题的方法。随着你与**但是**面对面，你获得的是痛苦的考验，但不处理你的**但是**会带来更多痛苦和折磨。对付你的问题就意味着解决你的问题，可以拿鲍勃的经历作为例证。

鲍勃在一个小的医药管理公司担任销售副总裁，他知道他老板即首席执行官不满意他的表现。公司管理糟糕，秩序混乱。当首席执行官又引进了一位销售副总裁时，鲍勃确信他离被炒鱿鱼不远了。最开始鲍勃感到狂怒并自怨自艾，有好几个星期，他在办公室闷闷不乐，在家他也很悲惨。他身处一个新城市，有妻子和刚出生的孩子，而他要被炒鱿鱼了，他问自己：“我到底有多糟糕？”

与此同时，鲍勃在领导一个跨职能的团队，致力于完善公司的运营。一天早晨，鲍勃从自我诱导的、自怨自艾的昏聩中惊醒，意识到自己比组织中的其他任何人都了解公司，包括他的首席执行官。鲍勃最终决定不再去担心要被炒鱿鱼的预期，并且他只是为自己因害怕失去工作而变得麻痹和消沉而感到不好意思。算总账的日子来了。鲍勃知道他要冒着会失败或受伤害的危险与他的老板一起改变他的未来。

鲍勃走进老板的办公室，告诉他公司需要什么，并告诉他，为了使公司取得成功，老板需要退居幕后并让团队执行。在压倒一切、激烈的争辩结束时，鲍勃成为新的首席运营官。他为了公司的未来，敢和老板短兵相接的勇气得到了回报。他的老板知道鲍勃是对的，并给他提供了更多的职责。

直到今天，鲍勃还在为他自怨自艾了那么长时间感到不舒服。他一直知道该做些什么，但他惧怕结果。克服他的恐惧并采取积极主动的行动，这给他上了职业生涯开始以来最重要的一课。他永远也不会再担心丢掉工作了，这种特殊的人生经历能使人摆脱束缚，并且是长期成功所必需的。绝对如此：在你的事业中，总有你要敢于将你的工作置之险地的时候。只要问问自己：“如果我恐惧的结果发生了，我能受得了吗？”如果答案是能，那就去做需要做的事情。

你接受你的**但是**越快，你处理它也就越快。每个人都有一两个**但是**，所以你不要觉得太与众不同了。不要否认这点，不要愤怒，不要讨价还价或者找借口，不要变得心烦气躁。如果你不得不经历“库伯乐-罗斯模式”，那就快点做完，这样你就可以接下来去接受并处理你的问题。

理解你的“但是”以及它的根源

一旦你的**但是**被暴露于你面前，你注视它并且充分理解它，这是极端重要的。你需要对你的人生和职业生涯进行回想，努力找出**但是**是什么时候首次出现的，原因是什么。你要问问你自己：“我为什么要做这些事？”你的**但是**可能是遗传的。可能你的父母一方或者双方都有类似的**但是**。就像Lady Gaga唱的那样：“宝贝，我生来如此！”你的**但是**可能深深根植在你的父母给你的46个染色体中。

你的**但是**还可能是在某些很久之前的个人或者事业中发生的事件

影响下形成的。可能发生了某些事，让你发誓永远不让此事再次发生。所以今天你为了避免重启旧伤疤而过度补偿。你的**但是**可能是你在工作或家庭中努力挣扎的产物。它现在可能正在影响你在工作中和他人的互动。可能你所在的部门充满竞争，你感到了压力。可能你的妻子想离婚或者你的孩子病了。所有这些痛苦和担忧被带到工作中，改变了他人对你的看法。

我们不是遗传学家或者精神学家，但对为什么你会用那种方式处事，这里有一种可能的解释可以揭示其原因。你需要对你的**但是**进行360度的全面回顾，你需要了解它的根源并充分领会它对你、你的下属、同事、客户和经理的影响，你需要从他们的角度和视角来看待**但是**，充分评价它所引起的损失。用APB方法不仅能帮助你确定你的**但是**，而且能帮助你确定**但是**的根源。如果是与天资有关的**但是**，可能你必须要攻读特定的大学课程而不是彻底检验，或者你可能真的需要参加明年的培训研讨班；如果你的**但是**是基于个性的，那么则需探究那些在你的基因或者你的过去经历中的、可能现在给你带来问题的先天或后天的原因；如果你的**但是**是基于行为的，那么你要找出这些行为的诱因是什么，试图弄明白为什么这些事会首先诱发这些行为。

让我们用上下文作为背景来看看下一个**但是**吧。这是一个非常普遍的**但是**，可以通过了解自身的局限性来解决。

"但是"的典型症状17：工作不分轻重缓急

"卡蒂工作努力，**但是**她工作摊子铺得太大。"

乔的三个女儿都打高中的篮球赛。几年之前，乔注意到，如果你想表现得像一个懂篮球的父亲，你只需要在姑娘们长驱直入到篮下但未看到带球上篮的机会时喊"上篮"（显然，如果你能嗓门尽可能大地、尽可能咄咄逼人地高喊"上篮"，这会证明你是篮球行家）。为什么一个中年男人觉得有必要对一个错过上篮的16岁姑娘进行斥责并使之难堪，是另一本书的主题。我们可以告诉你一件事：在她即将错失机会的时刻，你的高喊会增加她成功的可能性。

在商业世界，完成你被指派的所有项目和任务极其重要。商业就是使用一个好的价格将高质量完成的产品卖给客户，就是如何像"塔吉特百货"和"亚马逊"那样笼络客户。在公司内部，你的同事就是你的客户，你必须树立一种在尽可能短的时间内提供高质量工作的个人品牌。时间就是金钱，你希望对时间的利用尽可能有效和高效。在开始下一项工作前，先把手头的工作完成。如果超出能力范围把摊子铺得太大会导致工作质量低劣以及完工拖延，这两者都会毁坏你的个人品牌。相信我们，你需要办公室中有一个中年男人咄咄逼人地对你高喊"上篮"。

APB：这种**但是**是由于**但是**的主人承担了太多的责任引起的。这是一种可以因为缺乏天资（实际上你无法完成工作）或个性特点（你不想表现得因为力不从心而需要寻求帮助，而说你没有时间）所导致的行为。可能这种**但是**是因为它的主人没有像他的同事那样交付同样质量的工作所导致的。不幸的是，在试图与同伴竞争时，他们的工作质量开始变差。

解决方法：阻止这种**但是**发展的最好办法是拥有说“不”的勇气。有些人在别人出现并寻求帮助时，无法对优先级最高的工作保持全神贯注。和你的经理核对，使你待在他的最高优先级的工作任务内。不要受到不在状态、寻求你帮助的同事的影响，对手头的最高优先级的任务保持全神贯注，在高质量地完成你已经被分配的工作前，对其他的请求说“不”，或者至少说“稍后”。

乔和这种**但是**斗争了好几年，和它达成了妥协，不只是因为他接纳了他的真相告知者的智慧，还因为他找出了**但是**的某些根本原因。

“但是”的典型症状18：对项目缺乏远见

“乔很积极进取并且有决心，**但是**他不考虑他人的观点。”

这一课我们选择乔这个名字，因为他本人有对项目缺乏远见的事例。一旦乔在脑海中形成一个主意并在思想上决心去贯彻，他就容易驳回别人提出的观点和忧虑或将其最小化。项目挑战越大、越雄心勃勃，他越容易将反对观点产生的负能量挡住。在对他进行360度回顾时，他被告知这是他需要进行提高的重要领域。当他进入那种开始新的创新所需的高度关注、意志坚定的状态时，各管理委员会的同事们都会感到沮丧。他们认为乔在情绪上和精神上下定决心去完成项目的速度太快。他们希望他在评估项目时能更稳重、更加权衡利弊。他还需要征求并考虑他那些非常有经验的同事们提出的观点、忧虑和风险。

APB： 在这个事例中，主要的忧虑是天资。新产品和新市场带来大量新风险和新挑战。在某个商品或市场中的成功并无法保证在另一个商品或市场中的成功。尽管自信是需要拥有的一种很好的个性特点，但它能够将特定领域内出现的与缺乏天资或者经验有关的坏结果放大。在缺乏项目远见的表现中，能够出现的行为主要有不耐烦、固执己见、不愿听取他人提出的谨慎的意见。在缺乏项目远见的事例中，天资、个性和行为都需要进行仔细掌控。

解决方法： 管理这种对项目缺乏远见的最好办法是，在将你好的战略或战术建议提交给他人之前，对其相反的观点进行论证。乔容易对他的观点一见倾心，就像十几岁的少女对最近的年轻“偶像”一见倾心那样。观点越独特、有趣和具有挑战性，他对观点就越倾心。在你进入会议室并在你的管理委员会表现得像个彻头彻尾的傻瓜之前，请确信你已经考虑并综合了所有新思想和必须克服的反对观点。如果有无法消除或者掌控的风险，那么这些风险必须就事论事地进行讨论，并且举出事例证明这些风险值得承担。能够强有力地对任何赞成和反对的建议进行讨论的能力可以帮助你做出更好的决策。这种能力还能向你的同事显示你对风险承担和决策使用了思虑周详的、均衡的方法。你的最后的建议必须包括所有的反对意见和对立观点。这些必须突出强调并编入目录，这样参与其中的所有人都感到他们拥有话语权并对过程有贡献。倾听你周围有才能的人的经验并对其进行平衡，这些经验能够避免你去做真正的蠢事。

乔一直在同他缺乏远见思维的**但是**做斗争，觉得一直在进步。在将新观点提交到会议桌之上时，他变得更加稳重。在他的陈述方式中，他变得更加客观，不再那么情绪化。在讨论一开始时，在别人提出风险前，他就强调风险。他已经知道，由项目支持者强调风险比由他人强调风险，使经理具有的忧虑会少得多。这简单地体现出陈述者考虑并评估过风险，但仍然是支持者。

（既然我们已经结束对乔的表扬，是时候透露秘密了：在写作这本书时，乔对项目缺乏远见的**但是**又多次全面出现。他主要关注内容的写作，鲍勃负责修订。乔一贯地、反复地无视鲍勃的反对意见和对立观点。鲍勃的修订建议遭遇了乔的顽固抵制。幸运的是，鲍勃也是他的观点的积极鼓吹者，他具有决心和毅力来慢慢说服乔，直到找到正确答案并采纳。鲍勃的坚持使得本书具有可读性，这同时也并提醒了乔，**但是**有再次出现的趋势。）

总结：凝视你的**但是**会是一种有启发作用但不愉快的行为。如果你的**但是**真的很严重，你会对此感到尴尬与悲哀。与人生中其他的挑战和挫折一样，你要进行调整以适应它。请相信我们，每一天，它都会看上去变得容易一些。

理解为什么你的**但是**会这样，是学会接纳**但是**的最容易的方式。你的**但是**简单来说就是一个函数，它与“你是谁”“你的人生之旅教会了你什么”或“你当前正在做的事反映了什么”有关。既然已经通过了研究你的**但是**每一个缺点的震惊和恐惧阶段，现在是你无论如何都要接受它的时候了。人的条件是不完美的，过去和当代很多商业领袖诸如亨利·福特、比尔·盖茨、沃伦·巴菲特和史蒂夫·乔布斯的条件也是不完美的。无论你的**但是**是大是小，它永远都不会完全离开，因为某种程度上，**但是**的核心就是你是谁。就像酒精或者药品对依赖的人在遗传上、身体上和心理上对上瘾之物很脆弱一样，如果你对**但是**失去关注，你也在冒**但是**再次出现的险。然而，通过发现、凝视并接纳它以及寻找它的根源，你可以开始管理它、控制它并主宰它。想想你在甚至不知道**但是**有多大的情况下带着**但是**来来去去的时间有多么长吧，想想**但是**是如何让你步履艰难的吧。现在是将你的**但是**从地上捡起来重新出发的时候了。

第3章

向你的“但是”发起反击

永远不要忘记，挫折和失望是人生和职业生涯的一部分。在你的工作中，你会得到坏的结果，或者收到深深伤害你或者将你打垮的反馈。你需要客服事业和人生中的坏事并从中恢复。

孔子（一说为经济学家哥德斯密所说。——译注）说过：“我们最大的荣耀并不是从不摔倒，而是每次摔倒都爬起来。”

“但是”的典型症状19：一蹶不振

“克里斯托弗从金融危机的动荡中挺过来，**但是**他在此之后再没显出弹性。”

我们永远不会忘记电影《愤怒的公牛》中的一幕：浑身是血、备受折磨的杰克·拉莫塔眼睛肿得几乎张不开，反复对着他的欢庆胜利的对手雷·罗宾森喊：“雷，永远别让我难过。”拉莫塔很显然输掉了战斗，但尽管结果如此，他仍然很自豪、目空一切和意志坚定。如果雷·罗宾森将他击倒，昵称“愤怒的公牛”的拉莫塔会站起来。弹性就是关于重新站起来的。

在商业中，这也是真理。苹果公司是重新站起来的公司的极好例子。在20世纪90年代，苹果公司在商业世界遭到彻底打击，几乎丧失了经销权。在苹果公司被彻底打败后，目空一切的史蒂夫·乔布斯重返曾炒掉他的公司。他斥责同事们，让他们站起来，并且开始对将苹果公司赶出商业世界的势力进行回击。通过对创造性、关注、狡诈和意志的无法匹敌的结合，苹果公司是当今世界最有价值的公司，就像无可争议的重量级冠军。

解决方法：当你被事业的挫折或者尖刻但真实的反馈击倒时，你也需要重新振作起来。你在一次压倒性的失败或者“**但是**耳光”会议上受到的情绪上的打击既是警钟又是机会。你对逆境的短期反应会决定你的工作的长期结果。加油吧！

我们会和你分享关于我们的共同作者鲍勃的另一个故事，这能够展示弹性的力量。

工作中需要越挫越勇的精神

在1976年夏天，拳击这项运动来到了阿瑟比家。这是一个奥林匹克年，雷·伦纳德在蒙特利尔赢得了金牌。我们的二哥汤米（汤姆的昵称。——译注）当时12岁，前一年的11月刚参加了杜蒙特娱乐部举办的拳击项目。每个周三晚上他会去老市政厅大楼和其他的年轻的、有抱负的拳击手打拳击。汤米留着浅色金发，有着大大的蓝眼睛以及无邪的、天使般的面庞。

对他的年纪来说，他体形偏小，不了解他的男孩往往会犯错，选他当拳击对手。他是一个无畏的、熟练的拳击手，拳头快如闪电，慢慢以

“小白”的昵称闻名。他会发出强有力的组合拳，在开赛的铃声响后不久就将比他大的孩子击倒在地。那些低估了这个浅金色头发孩子的男孩为他们的过分自信付出了很高的代价。

在我们家的地下室，汤米建立了他自己的拳击场地，他在这里磨炼技能并培养对这项运动的热爱。环绕在地下室的支撑柱和台阶栏杆上的旧晒衣绳就组成了“小白”自己的拳击场。在场地倒地的拳击手不是倒在填有东西的帆布上，而是倒在蓝灰色的坚实的地板上。我们有两副拳击手套，但买不起防护头盔，所以如果直拳没有将你击昏，地板可能会将你击昏。汤米会邀请邻居小孩和朋友来打拳击。然而，在经历了和“小白”在地下室拳击场的第一次体验后，他们从不回来进行第二次战斗。关于阿瑟比家地下室的暴力和残酷的消息很快在小区传开。汤米再也不能找到一个心甘情愿的拳击伙伴了。

作为无奈之举，汤米引诱我们最小的弟弟——当时只有8岁的鲍比（鲍勃的昵称。——译注）当他的拳击对手。鲍比身材中等，非常健壮，在很小的时候就拥有了坚韧不拔的竞争气质，这确保他能够熬过来。为了诱使鲍比去拳击场，汤米不得不编制一套细致的规则让鲍勃相信他能够熬过来甚至可能会赢得战斗。

规则制定如下：这是一次三回合的、奥运会式的较量，每回合3分钟。汤米制定的让鲍比进行拳击的关键规则是，在最后一回合的最后1分钟之前，汤米不能还手。在第三回合的最后1分钟之前，汤米发出的任何击打都会导致直接的失去资格，小鲍比会被宣布为胜利者。

在他们的首场比赛中，鲍比极端小心地接近哥哥，以防汤米忘记了规则。当汤米在场内跳来跳去、护住面部或轻摇或者晃动头部躲避击打时，鲍比开始击打。其他时候，当小鲍比开始欢快地连续击打时，汤米会靠住绳子，护住面部以逸待劳。鲍比会在汤米的手套中寻找空隙，希望能够打中面部。“小白”会通过反复高喊“冠军遇到大麻烦了”来斥责和鼓励鲍比。

到了第三回合，也就是最后一回合还剩1分钟时，汤米会放低拳头，宣称：“冠军需要用一次击倒获胜！”这对小鲍比来说是一个信号：轮到他的小世界遭受更坏结果了。鲍比会停止击打并马上用手套护住面部，为即将来临的密集击打做好准备。像闪电一般，汤米的左刺拳会分开鲍比的手套，打在脸上的右手直拳会将鲍比击倒在坚硬的地板上。既眩晕又迷糊，鲍比会用10秒钟的倒数时间才能从地板上站起并准备接受下一波猛攻。汤米的左刺拳和接下来的右直拳会故伎重演，鲍比倒在地板上。现在只剩下20秒了，鲍比所能做的就是站稳并避免第三次的击倒和技术击倒。放在洗衣机上的煮蛋计时器在嘀嘀嗒嗒地倒数，鲍比不顾一切地等待计时器的钟声宣告他的胜利。这是不会发生的。当鲍比低下头，盲目摸索去抓住汤米的胳膊将其抱住时，一记恶毒的上勾拳击得鲍比抬起头来，并第三次将他击倒在地板上。当鲍比沮丧地坐在地板上，因为上勾拳击中鼻子而眼中充满泪水，脸颊因右直拳而赤红时，汤米举起胳膊庆祝。

如果这种残酷的运动还不足以使阿瑟比家的四个孩子被送到寄养家庭，那么接下来的几次逃脱会将他们送到寄养家庭。小鲍比跟着他的哥哥汤米爬到那个拳击场多次。鲍比总是勇敢地战斗，并每次都宣称他获胜了。事实不是这样。每当汤米宣称“冠军需要一次击倒获胜”，他很快就会将鲍比击倒。鲍比一次都没有退出，也从未曾一次不重新站起来。纵然在最后一回合的最后几秒钟，他一次又一次地失败。

事业就像拳击，在你的事业中你会遭到几次重击，有时候你会发现自己倒在了帆布上，或者像阿瑟比家的例子那样，倒在坚硬的地板上。弹性是让你自己站起来并继续同最艰巨事情战斗的能力。当你下次在工作中遇到挫折并想要退出时，想一想那个在新泽西州的地下室中从不放弃的8岁小男孩吧。

彻底击败你的“但是”

当处理你的**但是**时，你糊弄不了别人。如果你处理问题时只是装装样子或是暴露出最轻微的不真诚，立刻会被他们看穿，你不去处理会比装着去处理要好。如果你想让忍受你的**但是**那么长时间的人认可你发生了改变，那进行改变的承诺必须来自你的内心深处。需要用关注、努力、毅力和承诺来对你**但是**之下隐藏的虚弱的肌肉进行锻炼。减少你的**但是**就是要对你的自尊进行检查并且用真诚的、一致的努力使你成为有效率的职场人以及更好的合作伙伴和员工。如果你真的想做，你能做到！

为了彻底击败你的**但是**，你不需要任何特殊工具或者装备，你所需要的就是比你以前所拥有的更高层次的自我意识。你已经被你的真相告知者告知，你已经研究并接受了你的**但是**，你已经公开表示和承诺减少你的**但是**，现在轮到你全心关注并且将它彻底打回原形了。为了那样做，你必须接受这一事实：尽管你能对你的**但是**进行行动，但你永远无法完全驱除你的**但是**。牧师不会来到你家按照琳达·布莱尔（琳达·布莱尔是美国女演员，曾在电影《驱魔人》中扮演了一个被恶魔上身的小女孩。——译注）的方式去驱除它。这全都要靠你自己。

谈到《驱魔人》，如果你是办公室中的恶人，你会发现你自己会被驱走。

“但是”的典型症状20：卑鄙

“丹尼斯聪明并能言善道，**但是**他有一种令人生厌的卑鄙气质。”

均值回归是金融学的一个重要概念。均值回归是指股票价格无论高于或低于价值中枢(或均值)都会以很高的概率向价值中枢回归的趋势。人性也与此类似，常常暴露出恶。先天性的卑鄙行为平时并不常见，这是一种你在工作场所不想碰到的状态。卑鄙是人身上一种很少见的**但是**。在公司中卑鄙的症状包括如下这些，但不仅仅局限于这些：

· 在会议上令人难为情。

· 对不在场或不能进行自我辩解的人，做出毁灭性的个人评价。

· 为了自己消遣而贬低他人（你觉得有趣的事情在别人看来是残忍的）。

· 对高级管理层或者公司的成员，无端公开表达蔑视。

· 发送“毫不留情地压制或羞辱某人”的邮件，并带上一长串邮件抄送列表，可能还有一串更长的密件抄送列表。

如果你被视作卑鄙之人，你之后所说和所做的所有事情都会被人透过这个有色眼镜看待，人们不会理解你，他们会对你存有戒心，但他们不会理解你。如果他们知道你对别人卑鄙，他们就担心某一天你会对他们卑鄙，无论他们是否在被攻击的现场，这是合情合理的。人们会很快组织起来对付他们认为卑鄙的人，他们会寻找同盟，他们会搜集证据，他们会与人事管理部门的领导者沟通，他们会拜访高层管理层，申诉他们的忧虑和恐惧。在这卑鄙者找到高层管理层来之前，他们会竭尽全力将其赶走。幸存下来是一种强烈的本能，在受到某个卑鄙的人威胁时，成群充满恐惧的人会将他们的火炬和铁叉快速动员起来。

解决方法：我们没有任何好建议能快速克服卑鄙名声罪有应得的坏影响。对自己的过失不愿意老老实实承认，不主动付出真诚努力来改正错误，不论你使用什么方式都不会见效。另外你还需要投入大量时间，对因卑鄙行为造成的损害，可能要用多年时间来修复。在你的修复过程中，不允许有任何过失，这意味着你要谨慎地与同事保持恰到好处的关系，和你的所有同事积极改善感情，不要在会议上开玩笑，没有人认为笑话好笑；不要取笑任何人，因为这会被用最坏的眼光看待。卑鄙行为在人们精神上留下的创伤是巨大的。任何打错算盘的行为或者评价，无论多么无害，总会刺痛伤口的伤疤。在这种情况下，回归卑鄙行为保证会再次引发愤怒的人群袭击你。我们能给的最好建议就是预防。在说话做事之前要三思，确保你永远不会被贴上卑鄙的标签。卑鄙的为人几乎是不可能甩掉的**但是**。

如果你想减少你的**但是**，就不得不对它施加积极影响。你必须寻找对弱点进行改进的机会，这些弱点已经让你变得感觉如此痛苦。你必须积极寻找这样的场合，能够向外界显示你在面对你的**但是**并主宰了它。如果注意细节是你的弱点，那么在你写的下一份报告中要巧妙地关注细节。如果你被视作傲慢的无所不知者，就要找机会在团队会议上讲出合作词典上最美丽也是最谦卑的词汇：“我不知道。”如果你说话太多，那就倾听吧。如果你倾听太多，那就开始谈论吧。如果你被视作太注重细节而没有洞察力的人，请求你的经理允许你撰写一份关于今后十年生意会如何进行的报告。

彻底击败你的**但是**的工作有三个组成部分：

1. 做出真诚的努力，在你有不足的领域进行完善；

2. 降低你的弱点对组织的负面影响；

3. 改变别人看待你的方式，这样当他们想到你时，不再想起你的**但是**，而是想起你的许多长处。

不论你需要做的事情是多还是少，只管去做吧，这是将你的**但是**彻底打败使之投降的唯一方式。然而，在彻底打败你的**但是**时，你不必单打独斗。

邀请他人来对付你的“但是”

你可能需要得到帮助来减少**但是**。相信我们，在你周围，有一群人在看到你的**但是**变小的时候有既得利益。他们已经忍受你的**但是**太长时间了，他们像你一样有动力，尽管这意味着他们不得不放弃一些不错的**但是**八卦，他们还是会帮助你。对于你的一些同事来说，这可能会是不愉快的任务，所以在必要的时候，要主动乞求或者恳求他们帮助，这很重要。对你来说，一直对你的**但是**保持警惕是不可能的。我们都深陷于工作的要求与压力的旋涡之中，都会在每天的喧嚣中迷失我们的自我意识。当同事们看到你的**但是**出现时，他们会阻止你，给你指出来，这样你就能够调整。

你要让你根除**但是**的真诚努力被每个人看到，使每个人都不会怀疑你的任务是真实的。我们认为，每个人都会同意这点：如果你的同事不相信你是真诚的，那就很难成功。

“但是”的典型症状21：不真诚

“利亚有活力、有精力，**但是**人们认为她是不真诚的人。”

如果人们认为你玩手腕或者不诚实，你就有一个非常大的**但是**。我们大多数人都深知，在办公室里有一种在说话和做事时，脑子里另有一套的人。为了与他们追求的自私自利的动机相一致，每句话都是认真斟酌的，每个局面都是苦心安排的。从他们的嘴里出来的是无休止的自卖自夸的宣传。这些不真诚的人会讲老板爱听的话，对下属讲那些让不真诚先生或小姐显得比实际上更重要的话。不真诚的人不会被信任，他们的同事知道，对不真诚的人而言，他们的个人计划远比公司的计划或者他们周围同事的健康幸福更重要。

解决方法：被视作不真诚的人，这种**但是**真的很难克服。你首先要做的事是确定你的目标与野心是否与公司的相同。然后你要确定你是否乐意与同事合作来达到可以共享的成功。如果你能做这两件事，你在公司的事业还是可以挽救的。你需要向人们表明，团队的成功远比你个人的成功重要，你的日程必须与团队的日程匹配，你在讲话之前要思索，我要说什么？我为什么说这些？别人会怎么看待这些话？我说这些话，是为了团队的发展还是为了我个人的提升？你的团队会明白这一点，所以你自己最好也能明白。你还要在更深的层次上建立员工关系。在你家进行烧烤，邀请你需要合作以取得成功的关键人员来参加。亲自了解他们，并且允许他们也对你进行了解。要对他们有兴趣，寻找共同的基础，并分享经验。一起出去喝啤酒、吃饭或者做你能做的任何事情，让别人能够看到你人性的一面。人们需要和同事有更深的关系，因为他们需要信任同事。给他们一些相信你的合理原因。要真诚，真诚来得越快越好。

为了彻底击败你的**但是**，你必须做出全面的、真诚的处理问题的承诺，做不到这一点，任何事都会失败。并且在这个过程中你会损害你的信誉，邀请你的朋友或伙伴来帮你监控和管理你的**但是**，询问他们：“我是不是说过我会致力于那个目的？”“我是不是对别人的反对意见表现得很固执或者无视？”“这个评价是不是显得很虚伪？”如果你致力于这些事情，你在公司的朋友和搭档会很乐于帮助你，他们会当你的教练和啦啦队长。你需要做的就是提问。

完善你的“但是”

要注意是“完善”而不是“称赞”。对于完善**但是**，我们最不希望你做的就是在你的办公室走来走去，说你或者任何人的**但是**的好话。我们希望你做的是和办公室的人合作，他们在你有欠缺的领域表现得很强。事实上，你应该让他们环绕着你，去找这样的人，他们就在那里。

当你和他们一起共事时，你会意识到他们也有弱点。在很多情况下，他们的弱点可能正是你所擅长的领域。正所谓异性相吸，在**但是**的世界里，这的确是事实。

让我们看看两个互补的**但是**，看看他们的主人是如何一起工作来将**但是**彻底打败的吧。

“但是”的典型症状22：犹豫不决

“凯文很正直，有热情，**但是**他无法做决定。”

美国内战时联邦军队的领导者乔治·麦克莱伦将军被犹豫不决弄得气馁。与他的邦联敌人相比，他有更多的士兵和资源，但他不敢对北弗吉尼亚开展进攻，敌人正在那里集结。在采取行动前，他总是想要更多情报和时间。林肯对他的缺乏积极性变得很沮丧，最终解除了麦克莱伦的司令官职务。

与将领一样，有效的商业领袖也要积极。他们必须用及时的方式行动，要有紧迫感。你从来不能拥有所有的信息，从来没有完美计划这样的事情；你要积极地去了解问题或者竞争对手，来弄清你面临的是什么。有一句关于拳击的老话很能说明这个问题：“在被一拳打到脸上之前，每个拳击手都一肚子算盘。”拳击手必须依赖原始的技能和本能来击败竞争者。在商业中，行动会带来信息，而信息会带来可以帮助你达到目标的调整。

解决方法：不要一直等待到你拥有全部信息。在拥有了足够的信息后，尽快做出决定并行动。相信你的胆量，在前进过程中获得更多信息后再进行必要的调整，如果你不这样做，你也可能会像麦克莱伦那样被解除司令官职务。

在办公室找到了解如何下定决心的人，和他们合作完成你的创新。如果你擅长做计划，请他们来帮你确定行动的合适时机。

“但是”的典型症状23：轻举妄动

“亚历山大很果断也很积极，**但是**他总在思虑周详之前就行动。”

亚历山大·汉密尔顿（美国第一任财长。——译注）是美国的前财长。他是在一次手枪决斗中被在任的副总统阿伦·伯尔（托马斯·杰弗逊的副总统。——译注）杀死的。（你仔细想想，就会觉得这非常疯狂。想象一下乔·拜登和蒂莫西·盖特纳走到远离国会大厦草坪20步的地方，然后转过身来，用9毫米口径的贝瑞塔手枪互相开火的场景吧。）盛传汉密尔顿的姐夫给了他一个带有微力扳机的手枪，这能使汉密尔顿更快开火。汉密尔顿轻视了微力扳机的灵敏度，当枪还举在空中时就开火了，这让伯尔得到了对汉密尔顿沉住气瞄准开火的机会，从容地朝他肚子上打了一枪，汉密尔顿非常受罪，第二天就死了。（许多历史学家说汉密尔顿故意朝伯尔头上的树干开枪，认为伯尔也会同样做。如果这是真的，那么我们应该另外写一段与达成书面合同有关的**但是**。）

解决方法：在对事情考虑周详之前就拍板对事业是致命的，尽管速度很重要，准确性也同样重要，这点可以问问汉密尔顿先生。在大事和小事中，准备工作都很关键。为你的计划做好准备，并且要全面，要确保在事情偏离轨道的时候你有应急计划。要耐心，不要草率行事。正如传奇式的篮球教练约翰·伍登说的：“如果你没有将事情做好的时间，那你哪有时间将事情做完？”

为了完善这种**但是**，找某些众所周知的拘泥于精心规划的人，或特别专注计划的细节问题的人，或者可能是有犹豫不决的**但是**的人，他们会成为你很好的合作者。与他们合作并且在你们之间寻找一种愉快而又适中的合作机制。这个合作伙伴也许能缓冲一下你一触即发的本能，你也可能发现你自己能鼓励他让他从懒散的安乐窝中走出来。要同时彻底打败你们双方分别拥有的两种相反的**但是**，没有比和他合作更好的办法了。

每个人的大脑的思维方式都不同，某些人擅长处理数字，某些人则更擅长理解概念；某些人能看到最细小的细节，而某些人只能看到大的图景；某些人具有极好的人际交往能力，而某些人宁愿把自己锁在有电脑的房间里，他们与外界的接触仅仅局限于送比萨的小伙子。某些任务很容易就被掌握，因为处理任务的人有解决这方面问题的诀窍，他们很享受做任务的过程。有的任务则很棘手、令人痛苦，因为任务在工作者的技能范畴之外，做任务的人没有能够完成任务的信心。不得不做这些棘手的、安乐窝之外的任务实际上会引起我们身体的生理反应。我们心跳加快、手心开始冒汗、有个微小的声音开始在脑海中反复说：“你在这方面很烂。”

多年来，我们学会了如何对出现在办公室的很多**但是**进行完善。例如，乔的长处是应对人的问题和管理人员，看到尚未显露的市场商机，开发新的投资产品，并在内部和外部对新概念进行交流和销售。乔有很多**但是**，他无组织无纪律，他集中注意力的时间很短，他不注重细节，他很容易分心。关于他的**但是**，我们能够说个不停。这个**但是**列表很长，这也就是为什么乔让那些对他不擅长的事物很精通的人待在身边的原因。

例如，乔不擅长按时间先后顺序筹划从概念到产品中间的几百个步骤和节点，这就是所谓的执行。乔的朋友和同事维贾伊说：“没有执行的想象就是幻想。”维贾伊是对的。如果乔没有拥有他的首席产品开发师史蒂夫和首席执行官拉里，他可能会穿着牢牢扎紧的紧身衣在精神病房的地毯上打滚呢。史蒂夫和拉里就是乔所不具备的一切，让乔感到厌恶的工作会让他们笑逐颜开。他们用线性方式思考，他们极端有组织性，极端注重细节。拉里喜欢标准化和节点，对他们承担的每个项目都制订了详尽的工作列表；史蒂夫能够发现周围角落忽隐忽现的风险以及前方的障碍，他可以提前对这些风险和障碍设计解决方案。他们俩都坚持完成每个公开的项目，他们能保证所有的问题都快速解决。对某些人来说与他们俩合作可能会发生问题，而对于乔来说，他们就是他的**但是**完美的补充和解毒剂。

经常对你的“但是”大声说“不”

你知道你的**但是**是什么，你已经承认了你的**但是**的存在。你要恢复弹性，决心降低**但是**。现在是向世界显露你的**但是**的时候了，你需要发动你的“**但是**意识战役”并让你的同事知道你在致力于此。要公开说出这一事实：你已经发现了**但是**，并且你正在有意识地付出努力并投入足够的精力来减少**但是**。承认你的缺点，既显示了你的巨大的自信，又彰显了你进行完善的决心。

记住，自从你与同事共事以来，他们一直在讨论你的**但是**。当最终你自己也开始讨论你的**但是**时，关心你的同事会感到如释重负。其他的那些想用你当作在公司向上爬的踏脚石的人，会失望地得知你那磨损的阿喀琉斯之踵。要进行外科手术了，要有宣布你的短处以及进行自我完善的决心和自信。这样就警示了你的同事，你不会得意于自己的**但是**，当下次的重要工作开始时，他们要对付一个更加强大的竞争者。通过了解你是如何被看待的，去积极改变你在别人心目中已经形成的印象。

“但是”的典型症状24：自满

“同事们都觉得彼得不错，**但是**他这些年来变得自满了。”

当你在同一个工作岗位待了很长时间后，你开始对业务得心应手。对经理和他的员工来说，人员、公司文化和公司业务运作过程的节奏都令他们熟悉，这逐渐让他们进入了自满状态。但全球市场、行业竞争者还有你的客户根本不会自满。如果你不去实践、创新并对他们不断变化的需求做出反应，那你就走上了被大家遗忘的道路。如果你是一个组织的领导者，你没有为截然不同的未来做好准备并进行适应，你最好走人，否则你会被撤换。如果这听起来像你个人的**但是**，你最好找一些有进取心的员工把你的问题摆在桌面上讨论，并帮你脱离危险境地。

解决方法：去年，在乔的公司会外活动中，百盛品牌的首席执行官戴维·纳瓦克发表了演讲。他在被他称之为自信的成功者法则中，总结了治疗自满的方法。他向听众提出这样一个问题：“今天，如果你的职位被给予你办公室中最聪明、最能干的年轻人，他或她首先进行的三项变革会是什么？”戴维随后说，“现在就去进行这些变革吧，这样那些自信能成功的经理就无法抢走你的工作。”问题不会变老，对出问题的篱笆进行修补吧，做出艰难的决策，采取适当的行动，否则其他的人将会来处理这些问题，而你不得不去再就业服务所报到。

无论你被视为属于犹豫不决型还是自满型的人，都要让你的经理和同事知道，你已经意识到他们的看法，并且你在拼命地用实际行动证明他们是错的。现在就去主动承担风险吧，去拟定一个强大的项目规划，实施一个有创新性的办法。大胆面对客户，主动地一次又一次地要求业务。

为你的“但是”对号入座

我们刚刚讨论了对你的**但是**进行充分认识并弥补是重要的，同时让你的**但是**适合于特定角色的需要是更加重要的。每当鲍勃的一位同事处理员工培养问题时，她总是问：“他有态度问题还是能力问题？”“态度”和“能力”虽然只有一个字母的差别（态度：attitude，能力：aptitude。——译注），却产生了我们正在讨论的许多**但是**的根本差别。

对于你的特定角色，拥有正确的态度和才能是事业成功的秘诀。你是不是通常很享受你正在做的事情？可能并不是对每个任务都如此，也可能并不是每天都如此。但总体来说，你是否对你这种类型的工作很感兴趣并且忙于其中呢？你的工作是否让你兴奋，或者至少在某种程度上给你满足感？如果你的答案是肯定的，那你对待工作的态度是相当好的。如果你的答案是否定的，那你可能处在错误的行业，这可能对你的态度有负面影响。我们非常确定，坏的态度会对你的事业发展和绩效有负面影响。

"但是"的典型症状25：消极攻击行为

"马蒂在自助餐厅里谈话很强硬，**但是**他基本上是采取一种消极攻击行为。"

我们将这种**但是**称为所有**但是**的老爷爷。这是流行的弊病，并且破坏性很大。工作场所是消极攻击行为的温室，也是消极攻击行为成长和蔓延的完美环境。许多人都有消极攻击的倾向，不仅仅是少数人将其作为一贯伎俩，这是人类在过去千百年中不断磨炼的一种应对方法和生存技能。

当在班上的某人不想去做被要求做的事情时，他们竭尽全力不去做，但从不说他们不愿去做。这只不过意味着有消极行为的人会尽其所能去抗拒工作安排，却不会公开反对安排。为什么？因为有消极行为的人不喜欢对抗，他们避免公开冲突，他们害怕被炒鱿鱼。那么他们怎样做呢？他们会无声地反抗。他们抱怨，他们迟迟不露面，他们造成妨碍，他们进行批评，他们进行拖延，他们故意"忘记"做某事，他们闷闷不乐，他们用最简单的形式来拒绝参与安排的工作和执行领导人的指令。斯科特·韦茨勒在他的书《和消极进攻的人共处》中，他抓住了这种令人苦恼的现象实质："消极进攻的人会表现得亲切、顺从，但在他的表面举止下隐藏着截然不同的内心。他愤怒、小气、嫉妒和自私。”

解决方法：在工作中，对于某些你认为会对你造成消极影响的变革，你是否消极攻击过？我们敢打赌你有过。愤怒、小气、嫉妒和自私是人类特有的、令人烦恼的特性。在我们的职业生涯中，我们都在某些时刻体现了这些特性。只要你迅速地、无声地进行抵抗，那么抵抗没有问题。但你为什么不去拜访决策者，对为何进行变革有更多的了解，相反却要闷闷不乐呢？如果你听取决策背后的理由，也许决策就变得易于接受了。你早晚都要加入，为什么不积极一点，早点入伙而不是晚点入伙呢？你可能会找到更好的位置。

如果你发现你的消极攻击态度随时间推移变得更糟糕，这可能是你对某种管理决策不赞同但觉得无力进行抗拒的症状。如果你必须不遗余力地进行暗中勾结和陷害以使你的观点得到接受（并且让它看起来不像是你在表明看法），那这可能意味着你出现在了错误的地点。治疗消极攻击行为最好的方法是离开那里，找到一个你不必消极对抗也不必攻击的职位。你必须能找到这种感觉，那就是不必借助肮脏的、幕后的手段就能公开表达你的观点并对变革产生影响。

你是天生就对工作很擅长的吗？工作使你的长处得到发挥了吗？当你在工作时，是否感觉有力和自信？或者说，在进行关键性任务时，你是否感到不安或者脆弱？如果是前者，那么你拥有对于你的工作天生适应的天资。如果是后者，你要么是身处错误角色，要么急需培训。如果天资和你的工作需要的技能不能适应，那么你需要在学校待更多时间或

者跟着导师去进行。

你具备的技能和工作需求的技能不一致，会导致产生不良的工作态度或者暴露你天资不足。如果你能对这种匹配进行评估和调整，远远赶在老板之前这样做，那就好得多。

这份工作会让我的“但是”看起来很大吗?

当乔是哈佛学院的大一学生时，一个高年级的学长给了他最深刻的建议。他告诉乔：“在哈佛，一年之中只有两天你必须得聪明，就是每个学期你选课的那两天。”他告诉乔，不要选在智力范围之外的课、不要选不感兴趣的课，也不要选有虐待倾向、喜欢让学生挂科的教授上的课。在上课之前，对课程进行研究并完成家庭作业。不幸的是，乔没有听从，他决定在头一学期尝试几门医学预科的课程。医学预科的项目有“淘汰”的程序，乔就是被淘汰的杂草之一。在第二个学期乔被分派到了经济学楼，他的橄榄球队大部分队友都在那里。

在工作中也是如此，只选择那些和你的技能以及兴趣匹配的工作，永远不要选择那些让你讨厌的任务或者你不擅长的工作。如果你对社交感到尴尬，不要去销售部；如果你天生不擅长数学和数字，就不要去金融或者财会团队尝试。要确保与你预期要去工作的团队的经理人直接交谈，这样你就能理解团队的文化以及团队的需要。

尽管不同类型的业务对最后期限有着不同的预期，赶上最后期限总是很关键。如果你的工作步伐天生就慢，那就不要选择那些快速周转有着严格时间要求的高压职位。错误的工作会让你的**但是**突出出来。

“但是”的典型症状26：工作慢吞吞

“尤金非常有想法，**但是**他慢得要死。”

在全美橄榄球联盟，速度没有替代品。回溯到20世纪80年代中期，乔有短暂的机会在全美橄榄球联盟打球。如果他能跑得更快些，他可能会打更长时间的球。乔在水牛城比尔队的后卫教练蒙特·基芬说：“阿瑟比，你具有体形大你一倍的人的速度。”乔花了好几天才意识到这不是称赞之语。在商业中，同样也要求具有不可替代的速度，如果缺乏速度是你的**但是**，那你就会像乔那样，在自由球员候选阶段就结束了。

问任意一位首席执行官：你公司最重要的资源是什么？几乎每个首席执行官都会说：“我们的员工。”这听起来不是很好吗？对于这个无伤大雅的问题，这是多么振奋人心的、朴素的话语啊！不幸的是，这是彻头彻尾的胡说八道。对于一个公司，最重要的资源是时间。员工能够替换，时间无法替代。时间是不可再生的，你无法让时间循环使用，时间是珍贵和转瞬即逝的。就是这样……说完了，没有任何资源像时间一样重要。人们最常浪费的资源是什么？你猜对了！时间！时间是如何被浪费的？进行没有清楚目标的会议浪费时间；永远做不了决定的冗长并闲聊的电话会议浪费时间；没有清楚目标的商业旅行浪费时间；无利可图的客户浪费了公司的时间。公司的官僚主义是最大的“时间马桶”，因为一个又一个小时的生产力被习以为常地冲走了。我们告诉你一个小秘密：如果你的竞争者比你更有效率地利用时间，那他们每次都能击败你。

解决方法：带着紧迫性开始行动。商业就是竞赛，你必须跑得努力而迅速。有目的的短会节省时间。信息充分、快速决策节省时间；拜访关键客户，理解他们需要什么节省时间；强制执行最后期限节省时间；减少繁文缛节节省时间。如果你的经理或同事认为你太慢，那就加快步伐。速度没有替代品，没有比时间更珍贵的资源，要明智而快速地利用时间。

一份和你的长处没有很好匹配的工作会让你的**但是**看起来很严重。而一个不能重视你所拥有的技能或者让你当前角色的技能水平进行升级的老板会让你的**但是**看起来更严重。在你接受工作甚至是继续进行一项工作时，要确保询问你的真相告知者：“这个工作会让我的**但是**看起来严重吗？”

有些人想拓宽他们的事业，而其他人却想要更窄一些的事业之路。

“但是”的典型症状27：不思进取

“埃里克拥有令人难以置信的技能，**但是**我无法想象他能做任何其他事情。”

成为关注一种事物的专家，这一点问题都没有。有些人因在某个特定知识领域或者能力领域比其他任何人知道得都多而感到非常自豪。在非常狭窄的主题上，他们是关键专家。这些人中某些人也害怕变革和不确定性。他们有非常小的安乐窝，他们试图待在里面。回想一下电影《土拨鼠日》里，在宾夕法尼亚州的彭格苏塔维尼镇，比尔·默瑞饰演的角色日复一日地醒来，然后一遍又一遍重复同样的日子。对于我们，如果我们在一天开始时就准确知道会发生什么，那我们就没有把握当天的生命的意义是什么，这一定就像在监狱里那样。我们不愿意待在监狱里，比尔·默瑞也不想待在彭格苏塔维尼镇。每天日出日落都一成不变很枯燥，坦率地说，这样是很不正常的。

解决方法：如果你觉得你所做的事情让你感到愉快，那就集中你的所有精力和专门技术，确保你仍然是在选定的领域内最好的几个人之一。你必须欣慰地知道，尽管你可能要在接下来的10年到20年中做几乎同样的事情，在这么长的时间内，在领域内还有足够的深度和发展能让你保持兴趣和动力。当然，要留心，在你的专业领域可能会有大的市场混乱或者技术进步，有使你成为过时之人的潜在可能。如果发生这种事情，那你就真有麻烦了。

还要意识到，如果你将自己局限于展示一套特定技能，你的同事会认为你只在这些领域很能干。你可能是很优秀的市场营销人员，但除非你向你的团队展示这点，否则他们可能仅仅认为你只擅长数字。不要让你的经理和同事从门缝里看待你的事业，因为你今天乐于去做的可能不是你未来想去做的。让你的选择性多一些，即便这意味着要一直担风险并会偏离主题。

即使你能——也应该能——寻找一个让你的**但是**看起来尽可能小的最适合你的工作，但你仍然需要努力消除你的**但是**。欧内斯特·海明威说：“你无法靠着从一个地方搬到另一个地方来摆脱自己。”如果你带着**但是**从一个工作岗位到另一个岗位，不去处理它们，你会发现你自己总被同样的问题困扰，无论你在什么职位，身处何方。

使你的“但是”从“之一”变成“唯一”

当你在公司里追求一个更重要、更好的职位时，请确信，其他符合条件的候选人也在竞争这个职位。然而人性就是这样，我们倾向于只关注自己。我们会充满信心地告诉魔镜中的自己“我能胜任这个职位”，然后我们去经理或者人事部经理那里问：“你认为我是适合那个职位的候选人之一吗？”每次从经理那里得到的答案都是：“是的，我认为你适合那个职位。”

人们都喜欢听到说他们适合该职位，然而，对于那个令人垂涎的工作职位，了解相对于其他竞争者你是如何被排名的，这极端重要。在你的魔镜的反射镜之后，有一群有才能的内部和外部候选者等在公司门口试图获得同样的职位去谱写他们的**但是**。如果你有经验、成熟，以及拥有担任该职务的一般品质，当你询问人事部经理那个职位是否适合你时，你会听到你想听到的：“当然，你胜任那项工作。”这个答复看来很不错，但这是经理要给出的毫无意义的、漫不经心的确认。

真正需要问的问题不是“我是该职位的候选人之一吗？”而是“我是该职位的唯一候选人吗？”这是一个不可思议的重要区别。你的责任就是将对话以及人事部经理对你的认识从“之一”变为“唯一”。与其他候选人相比，你的长处、你的技能和经验如何使你和其他候选人有所区分？最重要的是，你在公司内的名声或口碑如何？当你不在场时，他人是如何评价你的？对于一个重要职位，人事部经理会把每个人集中起来，对所有的候选人做一份全面的物色报告。在浪费大量时间和精力追求一份你永远没有机会获得的职位前，请确认与其他候选人相比，你的长处更多，你的**但是**更少。

因为经济依然萧条，失业率依然居高不下，因此为了保持竞争力，人们继续构建并拓宽他们的经验是势在必行的。前些年，公司真是很注重保持原状，与那时不同，现在许多公司相信它们可以通过在公司外部寻找人员来对职位进行升级。在今天的智力争夺中，公司是处于主导地位的。你能适应的工作岗位范围就像你的安乐窝，你的安乐窝越大，你获得职位的机会就越大。

“但是”的典型症状28：拒绝接受挑战

“查尔斯对于工作很精通，**但是**他拒绝离开或者扩大他的安乐窝。”

“警察乐队”1983年的畅销歌曲《痛苦之王》可以用来提醒你离开安乐窝，这意味着冒险、学习、变革，有时还会有痛苦和悲惨。谁愿意那样做？尽管有失败的可能性，那些想做得更好、走得更远、在个人和职业两方面都有所进步的人必须渴望他们的安乐窝之外的环境和工作。我们告诉你，我们变得最职业化的时候就是我们将我们的技能、天分和痛苦阈值拉伸到极限的时候。当你身处这些阶段中时，会伴随着极大的不幸，但当你挺过去之后，就会有极大的满足感。

解决方法：“祸不单行”这句话应该被翻转过来。对最有发展潜力的管理人员来说，应该是“公司热爱不幸”（在英语中，“祸不单行”为misery loves company，而将该句翻转过来为companies love misery，即为公司热爱不幸。——译注），因为这让管理者变得更强、更好。寻找可以扩张的工作，请求新的挑战，在工作中做一些让你手心冒汗的事吧。成为痛苦之王！

你的“但是”是你竞争力的最大短板

你不必成为爱因斯坦就会明白，当涉及工作进步时，相对论能够用得上。员工的长处和**但是**会与内部竞争者以及人才市场上可以找到的所有外部候选人的长处和**但是**对比着进行评估。对接下来想获得晋升的员工来说，他们的技能组合必须比公司内或者更广泛的业内的其他任何候选人更令人信服。

然而，人们喜欢用绝对的视角来看待自己：我的名字是比尔，我很聪明，我口才好，我很有经验，我有很强的职业道德，我效率高、产出多，我是一名工作了15年的忠诚员工，现在该到我升迁的时候了，我应该被晋升，因为我的履历最适合那份工作。

然而，比尔的经理用相对的视角看待世界，更注重未来而不是注重过去：我是比尔的经理。比尔对自己的说法都是对的，这就是我们雇用比尔和为什么他在公司如此成功的原因。他是这个重要职位的杰出候选人。比尔面临的挑战者是苏珊，她目前在另一个单位，具有的知识基础足可以横跨我们行业所面临的所有关键问题。苏珊具有更放松的文稿演示方式，可以吸引听众，并且她总能抓住教学的机会。与比尔类似，苏珊是一位不知疲倦的员工，是一位有活力的、有产出的年轻领导者。在这个特定的分支领域，苏珊不像比尔那样有那么多年的经验，但她见解更宽广，工作处于上升期。比尔能做这份工作吗？能。但晋升不是以任期为基础的，我们公司不会给予终身成就奖那样的晋升。我非常相信，苏珊能够胜任这份工作，她还有胜任更重要工作的潜能和技能配备。为了这些优点，我愿意为苏珊在这个分支领域内欠缺一些经验这一点冒点险。

请注意，比尔没有得到晋升，尽管并没有其他的**但是**拉他后腿，但比尔的确有一个**但是**，看起来是这样的：“比尔非常满足条件，但苏珊是更好的选择。”这就是相对论在工作中的理论与实践。

乐于接受不同的职位

如果你发现，你面对太多苏珊那样的竞争者，你的工作似乎要戛然而止，你必须对你接下来的步伐看得更开。我们常常见到人们婉拒担任新的职位和/或可能去其他城市的其他部门任职的提议。很多时候，我们都好奇那些人是否真的意识到拒绝新的职位的机会成本。在鲍勃的工作中，他接受过他非常不希望的职位，他也不相信他在这些职位中能学到任何有价值的东西。孩子们，他是不是一直在犯错？例如，当鲍勃被要求领导一个公司范围内的战略创新时，他是一家大型生物制药公司的品牌总监，是相当令人垂涎的职位。他最初拒绝了该职位，但最终同意了，因为公司希望他去做。他在这个职位学到了令人难以置信的多的东西，并且看到了他本来永远也不可能见到的公司的一些部门。这个职位同样也增长了他的知名度，因为他常常与来自大量不同部门的高级副总裁或者执行副总裁会谈。

你认为他肯定会从中学到了东西。当然不是！随后他被要求再次调动，去担任荷兰分公司的总经理。当我们家人听说鲍勃在荷兰的可能的新职务时，我们都很好奇他在这个风车、郁金香、木屐和到处是高个子的人的国度该怎么过。[最后面提及个子高，是因为从平均身高来讲，荷兰人是世界上最高的这一事实，这给个人的故事提供了开头。鲍勃大约5英尺10英寸（约1.78米。——译注）高。他的兄弟和共同作者乔身高接近6英尺2英寸（约1.88米。——译注）。随着他们长大，他们的房子的三个卧室和一个壁橱就显得小了。壁橱是鲍勃的卧室。鲍勃声称，如果他是在其他卧室睡觉，他可能就长到6英尺3英寸（约1.90米。——译注）高并成为一级大学篮球联赛的控球后卫了。他宣称他遭受了“金鱼缸综合征”之苦，因为这个，他只能长到他的环境限制所允许的高度。如果你见过鲍勃的卧室，你会相信他的说法。

好的，回到荷兰的话题吧。鲍勃对工作调动反复思量，下定了决心：“管他呢，去做吧。”他与四个孩子还有身怀六甲的妻子收拾好行李，搬到了埃因霍温郊外的一个小镇。在荷兰的两年中，与以前相比，他从个人和职业两个角度学习了更多与领导艺术有关的东西。领导一个在文化上有差异的团队是一种挑战，要求对他的管理风格进行显著调整。鲍勃学到的第一件事是荷兰人不认为他有趣。请相信我们，鲍勃相信他很有趣，他用最好的喜剧素材来打动团队的人，但他甚至无法博他们一笑。在荷兰，他被自己的笑话逗得歇斯底里，而那些“禁欲主义”的（其他人会说是聪明的）荷兰人看着他，就像他是来自其他星球的外星人。尽管调整是艰难的，通过将自己投入到一种新的文化中，鲍勃学到了人生中最多的东西。他将他在荷兰的时光称为有生以来最好的人生学习体验。

以下是鲍勃从荷兰学到的几课：

·鲍勃变成了惬意的授权者，他信赖当地员工，因为他们比他了解的多得多。

·尽管荷兰文化与美国文化不同，两种文化中的员工都想在合作的氛围中工作，都想让他们的贡献得到认可。

·在与管理层交流时，美国人更讲究策略、更慎重。荷兰人非常诚实和直接，他们会反复告诉你运营中到底错在哪里，直到你做出处理。

·“荷兰大叔”是对一种人的称呼，这种人说话不说你想听的，而是告诉你应该听的。“荷兰大叔”和“真相告知者”是可以互换的措辞。

·在对新来的管理者进行培训时，荷兰人既和善又耐心。

·如果你信任你的经理们，就听他们的，因为在大多数情况下，他们知道什么经验会有助于你为长期的、成功的工作做好准备。

总结：为了给你的**但是**找到正确位置，请确保你的天分和兴趣与你的核心工作职能匹配良好，不要接受会使你的**但是**看起来很严重的职位。正确的天资会带来正确的态度，具有正确的态度和天资会带来成功。那里是充满竞争的市场，所以请确保与同样渴望下一个重要职位的、在长长的候选人名单上的人相比，你的长处和弱点更有利。对于你的下一个职位，要思想开明，那可能是你从未考虑过的公司的某个领域或者世界的某个地方，不要得“金鱼缸综合征”，只有你自己扩充自己，你才会成长，所以，就这样做吧！

第4章

办公室里的那些“但是”

到目前为止，我们已经说得很清楚，每个人都有一个**但是**。因此，不用说，你的办公室中肯定有一大堆**但是**。某些**但是**与办公室文化直接相关，比如和团队合作良好或者与微观管理的老板打交道。在本章中，我们要讨论的是你与你的同事之间发生的、可能会使你们的关系以及你的工作一团糟的**但是**。如果你还没有发现你的**但是**，它很有可能就要出现了。

你的经理和你的“但是”

如果无法更频繁，那么至少在每年一度的评价时，一位优秀的经理应该强调你的长处并对你能有发展的领域进行详细讨论。然而，人性就是如此，很多人，包括经理，在处理人们的弱点或缺点时有很大的难度。讨论**但是**会很不愉快，因为它们伤害感情，挫伤自尊。这在**但是**的主人对他们的**但是**毫无察觉时尤为正确。得悉你的巨大的**但是**在很长一段时间内都是问题，会是很尴尬的学习过程。

经理知道直面**但是**的情绪影响，通常选择不去直面。某些经理会拐弯抹角地提到**但是**，然后只是在**但是**的周围晃荡，因为他们过于拘谨。很少有经理会将**但是**放在桌面上然后当着你的面进行剖析。实际上，你的**但是**越大，它们得到讨论的可能性就越小。小的**但是**往往被指出得更多，因为经理相信通过一些努力你能够对它们进行处理。大的、令人厌恶的**但是**就像房间中的大象（英文习语，喻指明明存在却被刻意回避的问题。——译注）。大家都看得到它，但没人去讨论它。

无论你的**但是**可能是什么，你需要帮助你的经理或者真相告知者直截了当地告诉你。要做到这点，最好的方法是给你的经理提供一些距离和掩护，使他或她更方便回答问题，不要说：“请告诉我，我的弱点是什么？”相反，要问这样的问题：“在你和高层管理者或者我的队友会面时，他们认为我的弱点或者需要完善的地方是什么？”因为你为你的经理创造了一种回避直接批评的第三方环境，使他或她在告诉你你所追求的真相时会感觉舒服一些。试试这种方法。它真的管用。

下面是一个经理会乐于和你讨论的小的**但是**的例子。

“但是”的典型症状29：太过完美主义

“卡蒂非常精细和周密，**但是**花费太长的时间提交最终产品。”

卡蒂可能是一个完美主义者，在工作已经周密地、无瑕疵地完成前，她不会交付工作。这很好，但客户和市场不会等待完美结果。他们需要解决方法，他们现在就需要。有些时候，“今天足够好”会胜过“明天会更好”。

解决方法：卡蒂有一个很小的、很容易被改正的**但是**。成功的秘诀都在这里，只需要对它们进行适度的修改。卡蒂可以在报告中提供比较少的细节，而且在一个项目中她的经理也可以给卡蒂提供更多的交付时间。对内容和时间管理的某些结合进行调整可以达到某种合适的平衡。经理会乐于告诉卡蒂她的工作很棒，并对她如何能够更有效地提交工作提出建议。随着时间的推移、经验的增长，经过训练的卡蒂会在工作内容和工作时间之间找到合适的平衡。

另一个容易管理的**但是**涉及你如何与你的经理交流。

“但是”的典型症状30：不及时向上级汇报工作进展

“达米安是坚定的执行者，**但是**在后续行动中总是需要到处找他。”

如果你不这样做，我们敢向你保证你的经理会让你知道这点。如果你有机会为你的老板领导一个重要项目，请确保在他们要求你做进展汇报之前进行进展汇报。今天的工作中的大多数经理忙于大量问题，努力试图对重要项目的最新进展保持了解。在很多情况下，经理会走进办公室，做一些单调的工作，或者冲个凉，突然，“X项目到底进展如何了”这个念头出现在他们脑海。这让经理感到压抑和焦虑，因为他们开始担心项目已脱离正轨。没有最新进展，经理又开始担心项目经理是否对他们有所隐瞒。对未知充满恐惧并设想最差的情况，这是人的本性。

会让你的经理被强烈激怒的事情是：如果你一直没有告知他们项目情况而他们又被他们的老板问及项目情况。让你的经理被他的上级弄得尴尬，对你来说也真的是坏结果。在这种不幸的局面下，尽管你对经理解释项目处于正轨，他们仍然会愤怒，因为你没有使他们免于遭受突袭。在组织中，最成功的人明白他们的经理是如何频繁地想被告知最新进展，他们总是确保他们能够比截止时间早几天或者几个小时得到情况报告。

解决方法：对这点不要考虑太多。询问你的老板想多久听取一次最新进展，每个老板都不同，所以为什么要赌运气呢？你会对有那么多的人从来想不到去问这个明显的问题而感到震惊。你可以比你的老板要求的更频繁一点汇报最新进展。如果你做得太频繁，他们会告诉你这一点，然后你可以降低一下频率，最重要的是，在项目上好好工作。对于管理糟糕的项目频繁汇报最新进展会让你更快地被炒鱿鱼。当项目在按照计划进展时，多交流，你的经理会喜欢你并给你更多项目。更重要的是，如果你的项目落后于计划时，立即通知你的经理并让他知道你有处理问题的方案。

经理知道在项目前进道路上会遇到麻烦，他们只是想在碰上麻烦前看到它们，关键信息是经理憎恨突然袭击。在项目前期询问得越多，在项目过程中交流得越多，在后期遇到任何不好的突然袭击的可能性就越小。

前述两种都是经理处理的一般的**但是**，直面它们不仅能够使他们获益并保护他们，还能让你成为更有效率的员工。你可能甚至感觉不到与这类“**但是**耳光”的接触，对经理来说，更难开口讨论那些更大的、没有那种事先就有解决方法的**但是**，这会导致更让人痛苦的“**但是**耳光”。

只要犯了错误的人承认，经理能够容忍这些错误，如果你不能承认错误，那就是另外一回事。经理们有太多的事情去做，不能被这些归咎游戏所打扰。

“但是”的典型症状31：不承认错误

“爱丽丝既勤奋又有效率，**但是**她永远都不承认犯了错。”

你能想象这样一种人生吗：对承认自己犯了错误害怕得要死。或者你能设想你的大脑是那样一种方式结构，以至于你视犯了错是不可理解的吗？或者你能想象知道自己犯了错但永远不会承认吗？

这一场景让我们想起了饶舌艺术家夏奇的那首歌《不是我》。在歌中，夏奇的女友走进夏奇的公寓，发现他和另一个女人关系暧昧。事实上，那个女人已经在公寓中待了太长时间，她多次发现了他们关系暧昧。在每一段旋律中，夏奇的辩解策略是，无论女友看到他做了什么，反复告诉女朋友：“不是我。”

所谓领导就是要为错误或者糟糕结果承担责任。当某个疯子将氰化物投入泰诺胶囊后，强生公司立即为顾客的安全承担责任，用最快速度将泰诺胶囊从商店下架，这些行为挽救了品牌。这与丰田公司正好相反，该公司拒绝承认他们的油门阻塞，并且争辩了好几周。丰田的首席执行官最终承担责任并在后来向美国公众道歉，但对品牌的损害和因消费者的不信任而带来的危害是巨大的。

有这样一种人，偏偏不喜欢承担错误，他们非常难打交道。他们的错误并不是他们的极大的不完美，而是他们不愿意看到或者承认他们受骗了。无论错误如何明显，如何摆在眼前，这些“不是我”的家伙会编造精致的自我推论的怪圈，最终总以否认或者归咎为他人的错误而结束。如果你管理一位“不是我”员工，每当这样的事情发生时，你都要揪头发，你可能已经变秃头了。“不是我”可能并不是一个致命的**但是**，可是它令人恼火，这难以置信，它还会对冒犯者的正直和个人口碑造成影响。

解决方法：我们都会犯错，事情总会发生，如果你不能承认你犯了错误，我们会邀请你一起看看人类所犯下的所有不完美的错误。来和我们其他人一样犯错误吧，在此过程中你可能会从中学到东西。如果因为犯了错进行精心制作的道歉超出你的承受能力，那就尝试一下让外界知道你与其他人一样的简单表述吧：“我的错。”在篮球场上或在办公室中，这三个简单的词具有令人难以置信的效果。“我的错”是对你的人性和你的不完美的有效宣告。常常使用这个表达，你不会因为你的错误受到祝贺，但你会因为你的成熟而接受掌声。

为何感知即真实，为此我们探讨了很多。你的经理对你以及你表现的看法必须被视作你的事业宇宙的核心。对你的经理积极主动，承认犯了错误，这是增进你的老板对你看法的好办法。总之，要避免让你使上司恼火的所有事情。下面这个**但是**，非常容易掌控，但真的会挑战你的经理的耐心。

“但是”的典型症状32：不成熟的自我吹捧

“汤米不停地要求晋升，**但是**他尚未精通现有工作。”

在具有超级野心的年轻职场人身上有非常常见的一种**但是**，这在毕业于顶级商业学院和有一大笔学生贷款需要偿付的人中尤为常见。他们中的许多人拜访经理并讨论他们将来的机会和挑战，以及与此有关的级别更高的补偿。被不成熟的自我吹捧困扰的人既不耐烦又过分自信。

当有不成熟的自我奉承问题的人到来时，我们总会问的问题是：“你已经解决现有的工作了吗？”他们看着我们时，就像狗儿看着电视。他们歪着头，他们听到了我们的话，可是他们并没真的理解我们说什么。

在漫长的冷场后，我们得到的最常见的答复是：“我想是这样。”

我们说：“你想是这样。”要面对这一点，除非你完成了你现有的工作，否则好的经理不会给你更重要的工作。在三A级的棒球比赛中击球率达到0.235的选手是不会被召入棒球大联盟的。而击球率达到0.350的选手会被召入。在商业世界中，如果你想被晋升，你最好像棒球比赛那样达到超过0.900的击球率。

解决方法：你必须将你现有的工作做得比之前做过这项工作的所有人都优秀。你必须对该工作的方方面面都精通。你想得到的工作必须比你的第一份工作更重要、更宽泛、更复杂。除非你做到了所有这些，否则不要向你的经理或者组织中的任何人请求说，你想或者你需要工作晋升或者加薪。过分频繁地要求更重要的职位就像在两码线上拦橄榄球。你会看上去很可笑。首先，解决你手头的工作。做到这点，会有好事发生。这里有一个从幸运饼干中得到的很棒的建议：“无拘无束的野心就像糟糕的皮疹。将其隐藏起来是最好的办法。”

现在让我们讲述一些所有经理都不愿接触的重头戏的**但是**吧。这需要一个坚定的真相告知者来将这些**但是**推到你的面前。处理这些**但是**的最好办法是：在你的经理被迫关照它们前，你自己搞定它们。这些**但是**恶化的时间越长，你越可能被开。

“但是”的典型症状33：显而易见的傲慢自大

“亚力克非常有才能，**但是**他太傲慢自大。”

傲慢自大：以傲慢的方式或者以放肆的宣言或者假想体现出来的一种优越感的态度。哇，这是最难摆脱困境的**但是**之一。当同事们说某人傲慢自大时，他们等同于说他们不喜欢或者不信任那个人。“傲慢自大”是一个包罗万象的标签，对得到这个标签的员工有毁灭作用。一个人如何才能停止傲慢自大？一位经理如何教导某人不要傲慢自大？什么样的经理会有时间、精力或耐心来教导某个人如何招人喜欢、如何被人爱戴、如何被人信任？很少，这就是被视作傲慢自大为何如此具有毁灭性以及如何难以克服的原因。

我们选择亚力克这个名字，是因为有某些你认识的人叫这个名字，他的人物角色在我们的印象中最近从“总是傲慢自大”变成了“偶尔也可爱”。对于我们来说，《猎杀红色十月号》和《拜金一族》中的亚力克·巴尔德温是一位傲慢自大、自负、自恋、自以为是、口无遮拦、有才华的电影明星。今天他是一位滑稽的、标新立异的、自我嘲讽的电视明星和商品促销者。这种公共人物角色的转变是怎样发生的？亚力克·巴尔德温只不过显露了他的个性的其他方面，包括幽默感和人性。在《我为喜剧狂》中他让我们捧腹大笑，他似乎在古怪的广告中嘲笑他自己。他显露了他自己的一种品质，人们真的很欣赏他的这种很好的幽默感。亚力克这样做，变得与我们更相像。一些人认为，他仍然是以自我为中心的傻瓜，但他现在是更令人怜爱的傻瓜了。

解决方法：如果你有一位非常有勇气的经理，告诉你你被看作傲慢自大的人，这意味着你有一座大山需要攀登，有很多事情需要做。首先，你要接受你的同事可能不喜欢你以及他们真的不信任你的事实。这听上去会很痛苦，很难调和，更难弥补。但如果你被告知你傲慢自大，这就是你必须要应对的现实，别人不喜欢你的所做所说，或者是你冷淡、高高在上，他人害怕你以及你的冷漠。最糟糕的是，你给周围的人这样一种印象，就是你认为你比他们更好。

你该如何纠正这点？某个人如何变得受欢迎和被信任？这很难。你必须回顾过去，找出那些你做过的被视作负面的事情，以及你做过的事情伤害到的人。就你所作所为进行道歉，并且保证今后再也不会这样做。这听起来太简单了，可是很少有人这样做。接下来，你要变得与周围的人更加相像，这样他们才能把你看作同一类人。向他们展示你的家庭照片，谈论你的配偶和孩子，和同事们探讨如何处理为人父母或者照顾上年纪老人的生活挑战，与同事们分享你的爱好、热情甚至你的恐惧。最重要的是，对他们的生活表现出兴趣，询问对于他们来说重要的事情的问题。让他们占用几分钟的上班时间与你分享他们的挑战、恐惧和热情，这是很值得花的时间。没有去除傲慢自大这种**但是**的战术图集。然而，如果你向他人敞开心扉并且鼓励他们向你敞开心扉，我们保证，他们会比以前更喜欢你、信任你。

无论是什么局面，无论你是试图隐藏错误还是向你的经理描述一幅乐观前景，这都不是撒谎的借口。对你自己和对你的同事要诚实。

“但是”的典型症状34：不讲真话

“尼尔看上去热情，**但是**他无法讲述直接的事实。”

“老鹰乐队”1975年的热销歌曲《说谎的眼睛》显示了不诚实的危险。

我们自豪地说，在我们的工作中，没见到很多直接撒谎的事例，可是我们见到了大家记错或者扭曲事实的情况。对于说了什么或者做了什么决策，某个人可能会有与同屋其他人截然不同的回忆，这非常具有戏剧性。我们曾见到有人断然否认他们说了什么或者某个人说了什么，即便这与同屋的其他20个人的说法矛盾。有时候我们只听到了我们想听的东西。这就是人性。

我们还见到有人歪曲事实或者数据来巩固他们的地位或推进他们的进程。他们会遗漏削弱他们地位的信息或者选择性地添加数据或事实来加强他们的地位。即便他们知道信息与当前讨论的主题既不相关又不适用，他们也会这样做。尽管我们会争辩记错、歪曲事实、造假、误用或遗漏数据的区别，但这一事实仍然存在：任何事实不是100%的披露对你和你的公司都是有害的。

解决方法：作为一名员工，你有义务向你的管理层和同事提真相，全部的真相，只需要提供真相。真相是正直的基础，在我们成长时，我们的父亲会说：“总是讲真话，因为这是最容易记住的事情，是要做对的事情。”没有任何方法隐藏你“说谎的眼睛”，所以请将冰冷、坚硬的事实摆在台面上，让大家都看到。

最后要说明的是，这是一个你的老板甚至不会意识到是问题的**但是**。事实上，你的老板可能喜欢你的这个**但是**，因为它让他感到他们一直都在做很棒的工作。可是如果你一直这样，你会让自己被解雇，那么和你的老板争辩吧。

“但是”的典型症状35：对老板唯唯诺诺

“保罗职位很高，**但是**他只是一个唯唯诺诺的人。”

金·凯瑞于2008年主演的电影《好好先生》是关于一个试图通过对所有事情都说“是”来完善自己人生的人的故事。对电影来说，这听上去是很不错的前提，但作为职业策略，这是彻彻底底的失败。唯唯诺诺的人是盲目服从的傀儡，对他们老板所说所做的每件事都表示赞成。老板真正想要和需要的是一位“不是医生”，是一个当团队要做出糟糕决策时，会对老板表示异议的人。我们应该让身边的人具有不同观点或者独特看法，我们想让别人告诉我们：“这真是一个愚蠢的主意，理由是这样的……”或者是某个人说：“这是非常有趣的策略，可是这儿有一个更好的。”或者有人在听到我们的糟糕主意时说：“你脑子进水了吗？”

解决方法：形成你自己的观点，并自信地进行交流。就主题的另一面进行争辩，对你老板的假设提出挑战，这会让你变得更优秀、更强大。如果你们总是赞同你的老板，你们之中的一员会不再被需要。你认为那个人是谁？

我们都希望完美，我们也希望我们的经理完美。不幸的是，我们每个人都太平凡，我们不能总是像他们希望的那样给予他们所要求的东西。管理人是非常难的工作，而提供他们所需要的最诚实的反馈是对下属很高的要求。如果你提交项目用时太久，你可能会听过这点。如果你的经理需要更频繁的进展汇报，你会了解这点。另一方面，如果你无法承认错误，你的经理可能会没有充足的证据或者胆量坦率地质疑你的正直，尽管他对你的诚实会有疑问。经理可能不希望让你不成熟的自我吹捧的气泡破灭，担心会毁掉你的信心。很少有经理愿意告诉你，你是一个傲慢自大的人，因为他们不清楚如何帮你克服这点。告诉别人该做什么，这很容易，但教给别人如何去做很难。因此，你的这个**但是**越大，越有挑战性，你的经理与你一起对付这个问题的可能性就越小。

你的团队与你的“但是”

与其他工作相比，某些工作要求你要更多地与你的团队成员互动。不同的工作会要求不同类型的互动。某些办公室环境支持由共享文档所支持的电子邮件交流，而其他的办公室文化偏爱会议室的舒适。所有这些类型的互动都给新的和不同的**但是**发展的机会。在你与一个团队合作时，要确保你不会成为某个弱点的牺牲品。尽管它们很微不足道，但它们肯定会成为你的同事首先注意到的弱点。

“但是”的典型症状36：不及时对同事做出回应

“艾伯特信息灵通，**但是**他从不对我的电话或者电子邮件做出回应。”

《深渊》是一部由詹姆斯·卡梅隆执导的水下科幻电影，他因执导《泰坦尼克号》而闻名（显然他有恋水癖）。海军海豹突击队的一个小组潜到大洋水面之下几英里寻找一艘失踪的核潜艇，与外星的水下生物发生了接触。“深渊”的定义是：“深不见底的裂口或时间与空间的虚空。”我们用这个词汇来描述公司中的这种人：他们从来不回电话或对电子邮件做出回复。信息进入了冰冷、黑暗的深渊，却再不出现。最后期限越来越近，他们的投入是所需的或是必需的。在经过无数次尝试后，几小时、几天甚至几星期悄悄流过，带着死一般的寂静。你办公室中的“深渊”或许不是外星人，但他的无线电处于静默状态会疏远每个人。

解决方法：除非你死了或者加入了证人保护计划，否则你必须对同事做出回应。如果需要答复或者认可，在你读到电子邮件或者听到语音邮件后就去做，越快越好。没有比当下更好的时光了，因为在当下很难忘事。如果做出回应需要进行思考，就这么写：“收到，我会尽快回复你。”如果你对这种类型的承诺容易遗忘，在你的台历上贴个便笺。研究表明，一个人在公司中的职位越高，做出回应的时间就越快。这可能就是他们跻身高层的原因。

今日，尽管你似乎可以整天都只通过某种类型的屏幕和他人接触，但你总有被要求和同事参加面对面会议的时候。还有，尽管最初离开办公室或者小隔间的时光就像一缕新鲜空气，某些会议仍然可能开始就让人感觉就要窒息。如果你发现你自己在这些环境中开了小差，请认真倾听。下一个**但是**可能就是你的。

“但是”的典型症状37：参与却不投入

“乔会在管理会议上露面，**但是**他并不总像同事们那样投入。”

乔的另一个**但是**与商业会议有关。他不喜欢开会，尤其是那种会议室中有很多人，既不规划决策又不真的做出决策的会议。我们讨论的是那些信息展示会议，会议材料已经事先交给了与会者，然后展示者还带着我们一页接着一页地通读。

这些会议真的弄得乔既无聊又疲惫。我们说的是极度的疲惫。会议让他精力尽失，让他感到就像被麻醉枪击中的狗熊。他在打完高尔夫（这不是他的长项）或者不情不愿地到商场购物后也有同样的感觉。到会议结束时，尽管他并没干什么活儿，但他筋疲力尽、脾气暴躁。在会议期间，他会思考他需要做的事情并常常会拿出他的黑莓手机开始干活儿。这对发言者来说是相当无礼的，但有时他就是忍不住要这样做。会议桌前超过10个人的会议对他而言就像氪星石（在电影《超人》中，超人所向披靡，但见到氪星石就会浑身无力，氪星石是超人唯一的弱点。——译注）。如果他对某事不负责或者没有就某事发表观点时，他就一点不感兴趣。（抱歉，但这是事实）他在会议上静静地坐着，思考他真正了解、能够掌控或者采取行动的事情。然而，他的同事们似乎更加投入。他们提出问题并对主题和材料进行评价，尽管这些事在他们的职责和专业范围之外。乔希望他也能有那样做的兴趣和纪律。但他似乎没有，也许这是一个限制他做出贡献甚至限制他进步的一个**但是**。

解决方法：乔的不投入让他对自己感觉更好，尽管我们为此提供了差劲的理由和没有说服力的借口，他仍然需要解决这个问题。如果公司为乔开会也付了工资，他最好一定要保证能为会议做出贡献。如果他对主题并不精通，他自然可以通过让与会者对会议目的集中精力来使会议顺利进行。他应该提出重要的问题，例如“大家都读过材料了吗？”“我们是否直接进行提问？”“我们到这里是为了做决定呢，还是这只是信息性的展示？”“展示者对委员会的需求是什么？”这类问题能够使会议更短、注意力更集中、更有可能带来决策或行动。如果乔投入其中，他可能就不会那么无聊和疲惫。

和团队合作意味着你要成为团队合作者。团队成员未必总是表示赞同，但在背着团队的情况下对决策表示异议是不可接受的。

“但是”的典型症状38：不公开表达意见却暗中搞破坏

“在会议上弗兰克似乎支持决策，**但是**后来他对决策发牢骚。”

当我们使用“走廊英雄”这个词时，我们不禁想到了“外国人乐队”的畅销歌曲《点唱机英雄》里的副歌。

现在是决策时间。管理团队聚在一起，决定进行价值数百万美元的市场计划，该计划能使公司避开竞争对手并抢走可观的市场份额。这是一次长达三小时的会议，在会上对所有的风险和机会进行了权衡。在会议尾声时，进行了投票，一致性地支持进行行动。市场团队为他们周密的、深思熟虑的展示表示庆贺，每个人都兴奋地为启动计划而工作。

然后管理团队成员之一的弗兰克在走廊中告诉他的职员说：计划永远不会奏效，公司挥霍了数百万美元。在会议上弗兰克一言未发。事实上，他举手对计划表示支持。然后他走出会议室并在同事面前贬低该决定。这就是走廊英雄的所作所为。

这是一种丑陋的、两面派的**但是**。如果你曾经这样做过，你需要明白这种行为对你的公司的破坏性有多大。如果你的老板发现了你的行为，他肯定会解雇你，你活该被解雇。一个颠覆性地暗中破坏他公司的决策或者创新的员工可能也会为竞争对手工作。事实上，这类人比任何的竞争对手都危险得多，因为员工能够接触到信息，可以影响公司中其他人的看法和态度。这类人对于战略和士气的腐蚀作用是令人恐惧的。

解决方法：如果这是你的**但是**，立刻摆脱它。如果你有不同意见，让你的同事知道。可能你的观点是正确的，但如果你不分享观点，它一文不值。也许你能够挽救公司，免于遭受昂贵的、倒霉的市场计划的损失。弗兰克的行为增加了他的公司遭受昂贵的市场错误的可能性。

当对大的问题进行讨论并做出艰难抉择时，公司需要会议室中的英雄。公司不需要在走廊中偷偷摸摸贬低决定并破坏团队士气的懦夫。如果你分享了你的不同观点，但公司依然向前进行原先的计划，再尝试一次，阻止它们。如果你再次被否决，你需要接受决定并参与其中。你现在的职责是在你的能力范围内做好每件事，使计划能够成功。公司领导者就是这么做的。不要成为走廊英雄。

我们将这一部分的标题定为“你的团队与你的**但是**”，因为除非你身处只有一个人的部门，你总要和一群同事共事。尽管你的隔间的墙或者办公室的门看起来像你的工作空间和外部世界之间不可穿透的屏障，但如果你想进步，在屏障另一侧有你必须要去了解的人。如下是一个需要多一点曝光的**但是**。

“但是”的典型症状39：成为办公室的“隐形人”

“我和艾琳之间的互动是积极的，**但是**似乎没人真的认识她。”

职场老鸟往往告诉职场新人，如果他们埋头苦干，就会有好事儿降临。这在25年之前可能的确如此，但对于这种老式的职场策略来说，今日的商业世界太复杂、等级太不分明、工作过程太注重协作。在今日的环境中，你必须是可见的，因为隐形的人会被忽视。你去认识他人，他人认识你，这是势在必行的。

解决方法：在会议中发言。坐在会议桌边，不要坐在靠墙的椅子上；提出适当的问题或者补充重要的观点，这是引起注意的最快捷、最好的方法。人们离开会议的时候会说：“提那个问题的女士是谁？”对特殊项目毛遂自荐，参与合作团体的拓展项目，主动组织假日晚会。关系网络不仅对于塑造工作有不可思议的价值，还具有乐趣和益处。建立关系网络最好的办法就是和公司里关系网络最好的人交朋友。每个公司都有认识更多的人并且被更多的人认识的员工。他们在组织中游走，就像一片野花中的蜜蜂交互授粉那样传递信息和友谊，是公司的联结者，这种人很容易确认，他们积极、精力充沛、让人毫无戒备。他们对他人感兴趣，从不会因忙碌而错过与同事进行友好互动的机会。请成为他们的朋友，那样你会交很多朋友，和联结者发生联系是赢得可见度的取胜策略。

在计划与任务前沿，你同样需要可见度。你的同事需要了解并领会你在做什么，否则他们可能认为你没干活儿。你在办公室中听到别人说：“我根本搞不懂他或她在做什么。”话用这种方式说出来，无论那个人做了什么，都不会太有价值。为了避免成为这种评价的主语，请让别人知道你在做什么。

除了对你的贡献进行交流外，你必须找可以给你机会和高级管理人员或者你的当前团队之外的人合作的项目。如果项目涉及展示，努力工作，为你自己谋求发言的角色和会议桌边的位置。向外界展示你要提供的全部。永远不要认为另外某个人会为你做这些。

作为事物的另一面，过分关注自己也有同样消极的结果。这下一个**但是**会让我们想起电影《异形奇花》中食人的植物奥黛丽。如果你养育这种**但是**，它会长得非常大，以至于将办公室中的每个人都吞噬。

“但是”的典型症状40：妄自尊大

“西摩很聪明，有天分，**但是**他太自我。”

当我们在新泽西州的杜蒙特长大时，乔的一位初级橄榄球教练总是说：“先生们，如果你想表现得谦卑，你必须不流露你的骄傲。我们应该谦卑。”他用自己独特的方式告诉我们年轻的、正在形成的自我的是：冠军团队没有个人主义或骄傲自大的余地。他的哲学是简单的，团队总是要比个人重要，教练、队员和父母必须互相尊重，对对手球队、裁判以及与橄榄球项目有关的任何人，都要体现同样的尊重。我们用一种谦卑的方式来到球场，无论结果如何，我们都谦卑地离开球场。炫耀、嘲弄和/或过分的庆祝都是不允许的。事实上，任何形式的庆祝都是不允许的。他总是会说：“当你触地得分时，只要将球交给裁判就行，要让人看起来你不像是第一次触地得分。”

一些人自视甚高，认为公司为了留住他这样的人才，让别人接受他们的骄傲自大和出格行为是他人应该付出的代价。他们将自己看得太有价值，以至于社会和公司的规定对他们不起作用。他们是在炫耀，他们就是“真理”，每个人都应该明白。他们真的认为，如果某天他们不上班，公司就会完蛋。他们制定自己的规则，他们不在会议上露面，他们不回电话，他们不支持合作创新，他们对高级管理层不尊重，并对公司表现出轻视，他们能欺压和看不起他人。如果你告诉一个极端自我的人在团队中没有“我”，他们会转身告诉你，在团队中有“我”。

解决方法：如果以自我为中心的行为是你的**但是**，我们敦促你开自己的公司，这样你可以创建一种能够容纳你的巨大自我的文化。如果你想继续跟着当前的老板干，你必须走出自我，看看更大的图景。公司比你大，你每天出现在公司并不是给任何人行了方便。没有你，公司能成功，会成功。你的自我为中心的态度当然不会给你赢得同事的任何尊重和信任。对你已经造成的损失，最好的弥补办法是改弦更张并承认同事们的贡献。每次你获得成功时，将它视作团队成功，并向做出贡献的每个人表示祝贺。你只是和周围的人同样优秀，如果你成功，那我觉得他们也同样优秀。让他们明白这一点。

如果你是极端自我主义者的老板，现在是你出头并代表公司利益的时候了。你的员工在密切注视极端自我行为，他们对你对局面的反应和回应的注视更加密切。在你的员工眼中，极端自我行为就等同于对方棒球队的投手总是一次次投出好球。作为团队的领袖你就是团队的投手，你有保护你的员工的义务。这意味着要给极端自我主义者一点颜色看看，向他头上掷出一记“高快球”。这就对了！你必须瞄准极端自我行为发球来显示你是老板，他们的行为不会被容忍。当你这样做时，会有两种反应：极端自我主义者会冲向本垒，他这样做的结果是被炒掉；或者会从地上爬起来，头带伤痕，对你以及你代表的员工表示新的尊重。记住，一个好的团队总会击败一个优秀的队员，严重的自我主义会毁掉团队。我们在年轻时效力的谦卑球队不声不响地获得了很多冠军。

你的下属和你的“但是”

如果你管理一个团队，你的下属会痛苦地意识到你的**但是**。这是因为你的**但是**用某种形式或方式给他们造成了消极的影响。对他们而言，你的**但是**就是压抑、不便、烦恼和额外工作的源泉。如果你的同事喜欢你，他们会对你的**但是**更接纳，但当你向直接领导的团队之外的人展现时，他们会试图掩盖它；如果他们不喜欢你，他们在等待高级管理层看到你的**但是**的实质并采取行动的那一天；如果他们憎恨你，他们会想方设法向所有人，尤其是你的老板展示你的**但是**有多严重，这样他们就会尽快得到一个新上司。我们几乎可以向你保证你今天在做的某些事在让你周围的人痛不欲生。接着往下读，找到在管理一个团队时最不需要的**但是**吧。

如果你有下面的**但是**，我们会向你保证，你的同事对你的其他**但是**不会有任何容忍。

“但是”的典型症状41：事无巨细的微观管理

“米歇尔非常专注，**但是**她对每件事都进行微观管理。”

几乎每个人都有和微观管理者打交道的经历，并且没人对此有好感。他们给你一项任务和要求的完工日期，然后他们每小时都检查进展和确认情况，然后他们用问题对你进行地毯式轰炸。“有没有我可以看的第一稿？”“你想过这一点吗？”“你给这个人或者那个人打过电话吗？”“你为什么用这种法子做这件事？”“你忘了这点或者那点了吗？”“我可以提个建议吗？”你只想对着微观管理者吼叫：“从我面前消失，让我自己做你付了工资让我做的工作。”我们并不是建议你对着微观管理者吼叫，但如果你这样做了，我们会表示理解。

微观管理者简单来讲就是“直升机家长”的商业版本。你知道我们讨论的是哪种家长。如果小吉米没有得到全优成绩，他们会进行每周一次的家长教师见面会。他们给其他孩子的家长打电话，因为那些孩子对小吉米说了一些卑鄙的话语。他们走到儿童棒球场向教练抱怨说，吉米只摸到两次球棒，而其他一些孩子摸到了三次。

对微观管理者和直升机家长来说，结果一般是相同的。第一个结果是员工或者儿童从来学不会思考和保护自己，这会妨碍他们职业或者个性发展的各个方面。第二个普遍结果是员工和儿童会憎恨微观管理者或者直升机家长。孩子们会通过使用毒品、酗酒或者和他们家长不喜欢的人约会来进行反抗。当他们达到法定年龄后，他们会选择一所远离他们蛮横又严厉的家长的大学。员工们也没区别，他们也会对微观管理者进行反抗，但他们会找机会在公司内部进行换岗或者马上跳槽，而不是欠考虑的吸毒行为。

解决方法：如果你是一位微观管理者，有才能的人不会为你工作；如果你的团队中没有有才能的人，你作为经理是失败的。就这么简单。想想你为什么要控制所有事情吧，是什么引发了这种需要？有人让你失望吗？有人让你沮丧吗？你为什么不相信给你的报告中所做的工作呢？克服微观管理，这样你能给你的员工发挥他们才能的喘息空间。让他们自己摸索，允许他们犯一些可以吸取教训并变得更好的错误，让他们自己挣自己的钱。在孩子和年轻员工在人生阶梯上前进时，允许他们在道路上“吃一堑长一智”。

微观管理还具有令人难以相信的低效率。你将每一秒时间都用来监督下属的工作，你就没有做你的老板期望你做的工作。记住，在爬梯子时，朝上看比朝下看要容易得多。

作为管理者，你的工作是领导、指导并动员你的员工。如果你有一位表现不好的员工，你要么提高他的表现，要么将他赶走，这是你的职责。无论如何，你需要保护你的同事，让他们避免将来不得不对付那些差劲的员工。

“但是”的典型症状42：将差劲的下属推给其他部门

“弗雷德管理着一个拔尖的团队，**但是**他将不合意的员工交给其他部门，而不是自己处理。”

电视剧《山福德父子》中的弗雷德·山福德经营着一家废品货站，他是一位有创造力的销售商，他用各种故事和战术来向没有警惕性的顾客兜售他的废品。

公司中的弗雷德·山福德就是那些给表现差劲的员工好的评价，以帮助他们能够换岗到其他部门的人。一个弗雷德·山福德那样的人缺乏管理或者解雇问题员工的勇气，所以他或她将他们的责任交给了其他部门。接受一位被弗雷德·山福德类型的人推荐来的员工就相当于某天醒来后发现你的邻居在你的起居室周围撒满了废品。

解决方法：不要将表现差劲的人推卸给你的同事，对他们的表现进行管理或者将他们扫地出门是你的职责。

你如何与你的团队互动以及你的团队如何接受你的互动是至关重要的。每个人都有**但是**，你也有。你的团队对你作为一个人以及一个贡献者是如何看待的，决定了他们对你的弱点会如何容忍。他们会帮助你隐藏你的**但是**，还是会努力工作使之暴露？如果他们尊重你，他们会把你的微观管理视作注重细节而不予理睬。如果你居高临下，但他们认为你是不错的一个人，他们会说：“他可能是个傻瓜，但他是我们的傻瓜。”如果他们不喜欢你，那你就相当容易受攻击，一旦你受到削弱，他们会追着你进行报复。要明白你在周围的人中处于什么位置。要通过对因你而让他们的工作更加难干的事情进行弥补来改善你与他们的关系。简言之，与员工和善，他们会支持你；对他们不好，善有善报，恶有恶报。

拥抱你老板的“但是”

我们还会写“不让你的老板说**但是**”，但如果你足够聪明，你已经在做这件事情了。与你一样，你的老板也有一个**但是**，或者在一些情况下，会有多个**但是**。**但是**可能很大，也可能很小。掩盖它们是你的职责，你必须花费时间来观察、分析并领会你的老板的**但是**，并确定哪个**但是**是最大的、最显著的。你要了解你的老板在哪些方面有弱点、易受攻击，并安排和使用你的技能来对这些方面进行完善，这相当重要。如果你的长处可以保护并掩盖你的老板的**但是**，你绝对是珍贵的。成为为你的老板的技能缺陷随时做好准备的人，想想与之俱来的权势和工作安全吧。让你的老板以及他的**但是**看起来不坏，会带来更多的职责和进步。

你必须有的一个目标是使你成为你老板的左内边锋。

“但是”的典型症状43：管理上有盲点

“吉尔是强势的领导，**但是**她对她的一位直接下属有一个盲点。”

有部感人的电影是以真实故事为基础的：一个被白人家庭收养的、无家可归的、块头过大的美国黑人少年，发现了自己在橄榄球运动中独特的天赋。电影名叫《弱点》是因为那个年轻人打左内边锋的位置，这是进攻线上最重要的位置，因为这个位置保护右撇子的四分卫在盲侧免受突击四分卫的攻击。

你的老板很有可能也有弱点，就是说，老板可能无法从他们的有利位置看到团队中发生的所有事情。在你的老板无法看到的事情中，风险可能在发生。在团队中可能有人表现差劲或者破坏团队的文化，你的老板对此可能毫无察觉。如果有问题的员工擅长和上司保持一致或者与老板有很好的个人或者工作关系，这会变得更有挑战性。

多年前，乔对他的管理团队的一个成员就有很大的盲点。从乔的位置，他只能看到那个人工作做得不错，能向乔提交所需的东西，他无法看到那个人在下面正在破坏团队的团队精神。这需要乔的管理团队有勇气的成员们的干涉，将此局面大白于天下并使乔意识到问题。他们在乔的办公室会合，让乔坐下来并告诉乔，这个人到底做了什么以及这些行为对他们的负面影响。这听上去很刺耳，乔感到震惊，并因为有这么大的盲点感到尴尬。由于对团队的破坏足够严重，因此乔不得不要求问题成员离开。这对乔来说很为难，因为他和犯错者具有很好的工作关系以及个人友情。多亏了有勇气的团队成员迫使乔面对他当时不知道的问题，他做了所需要做的。他们都是保护他的弱点的左内边锋。

解决方法：如果盲点是你的老板的**但是**之一，你需要成为他们的左内边锋并保护他们。对于这些种令人不快的局面，你必须要有成为真相告知者的勇气。通过为老板提供改善生意并保护他们自己以及所负责的团队所需的信息来支持他们，是你的职责。无论谈话或者干涉有多艰难，你的职责是开启它。

另一个使职业生涯进步的好主意是：当你的老板不够强干时，做令人不快、吃力的繁重的工作。

“但是”的典型症状44：心太软

“比尔有完成工作的智慧，**但是**他太心软。”

软心先生是冰激凌的名字，当我们还是小孩时，冰激凌公司的卡车老是在我们家附近转悠。他们有最好的巧克力和香草软冰激凌旋。卡车会在家附近不断发出不会让人弄错的音乐旋律，而且往往是在我们的妈妈将饭菜摆上桌时。我们会欢呼并乞求得到冰激凌，让我们极度失望的是，我们的母亲总是立场坚定地对我们说“不”。我们的妈妈是绝对的圣人，但我们确信她憎恨那个卖软心先生的小伙子和他的音乐卡车。

经理们也会是软心先生或软心太太。当他们需要极度明确地表示强硬态度时，他们可能会表现得太和善，太暧昧。一些经理并不知道如何坚定地说“不”。他们允许员工启动几乎没有成功可能的他们喜欢的计划并耗尽公司的资源。达尔文的适者生存的理论适合于商业、政治世界中，成为软心先生会阻碍团队绩效表现并拖延艰难决定的做出。心太软还有其他实际风险——人们会利用一个好脾气的经理，他们可能会试图操控他或她。在极端的例子中，软心先生或者软心太太可能被咄咄逼人的下属恫吓或羞辱。想想对我们的妈妈来说，对她的四个孩子的冰激凌乞求说“行”是多么容易啊，她从来没说“行”。冰激凌会让我们的胃口变糟，对于我们家有限的经济来源，这笔花销并不是很小。妈妈不是软心太太，她知道如何说“不”，就因为这一点，我们的日子过得好得多。

解决方法：如果你的经理是软心先生，让他们变得强硬是你的职责。向他们指出他们是如何被剥削或操纵的，并指出原因，帮助他们做出艰难的决定或面对棘手的员工，让老板关注事实，不要让他把分散精力之事带入你们团队，因为这可能会延缓你们团队对面临的棘手生意做出合理决策。无论局面多么充满挑战或令人不安，鼓励他们采取决定性的行动。具有软心先生类型**但是**的经理在团队中需要一个“狠角色”的同盟者。

有时候，你不得不对你的经理进行管理。

“但是”的典型症状45：拒绝授权

“玛格丽特极端有能力，**但是**她拒绝授权给他人。”

如果你为某个不能授权的人工作，“能医不自医”，应该是和你的老板讲话时一直重复的话。某些经理不愿意对任务和责任放手，尽管如果他们想进步，他们必须这样做。可能当他们掌控所有任务时，他们觉得他们的饭碗更安全。他们可能想让人感到他们是不可或缺的，所以他们对工作不放手。可能他们在指导他人方面有困难，所以他们只好自己做。无论是什么原因，你必须让你的老板多授权给你，这样你才能成长并进步，你的老板也才能成长并进步。

解决方法：将任务从你老板桌子上拿到你桌子上。在寻找你可以帮你老板做的、他正在做的事情时，要积极。教导你的老板关注更高强度的任务，将其余的任务留给你。告诉你的老板："能医不自医。"在一个组织中，每个人都在向下分配责任并同时向上寻求更多责任，这样的组织是健康的组织。

服务你的老板或者经理的最好办法是完成他无法完成的事情。你的职责是使你老板避免他的盲点和弱点。你需要了解他或她是如何运营的，对你自己和你的技能进行组织，使之对任何情况都能进行补充和完善。如果你的老板心太软，那你就要强硬。如果你的老板不愿意授权，那你就要积极从他手上拿走任务。给你老板每一个机会使他注意到你对于团队而言是多么无价的资源，让他们设想如果没有你的工作一切将成为不可能。

总结：你被**但是**所包围。如果你在所处的组织内对上级、平级和下级同事观察，你会看到**但是**，它们无处不在。当同事看你时，他们看到了你的**但是**。现在，是每个人都承认并开始讨论这些**但是**的时候了，这样我们能够让自己在这些**但是**的周围充分组织调动起来。我们都希望花更多时间做我们愿意做及我们擅长做的事情。我们都希望花更少的时间做我们讨厌做及我们不擅长做的事情。只有当我们公开地、诚实地讨论我们的**但是**并且不怕丢丑地品头论足时，这些事情才能发生。让我们将它们拉到大庭广众之下并且开始一起对它们进行管理吧。我纠正你的**但是**，你纠正我的**但是**，这是健康运营的公司的处世之道。抚养一个幼崽需要一个群落，管理我们所有的弱点和缺点也需要一个群落。让我们一起创造那个群落吧。

第5章

无时无刻没有“但是”

关于“但是”的讨论

现在是复习时间，你走进你老板的办公室，坐在他的会议桌前，说：“那么请告诉我，我的**但是**是什么？”

他说：“实际上，你有两个**但是**是我需要和你谈的。一个在变小，另一个在变大。你和你的员工建立联系，对他们的工作表示赞赏，你的努力得到了他们的接受。如果你能用一对一的会面而不是使用冗长的会议、滔滔不绝的电子邮件来做这件事，我认为这会显得更真诚。多一点点的努力，那个**但是**就会永远消失。我发觉正在增加的**但是**是：你变得有点小题大做的意味了。”

你绝对会被你老板的话震惊。然而，你读过本书前面的章节了，你知道永远不要打断一位真相告知者。你的老板继续说道：“你对日常问题的反应太过度，给局面带来了戏剧化，不应该有任何戏剧化。我付给你薪水是让你灭火的，不是让你高喊‘失火了’的。我会给你几个最近的、你的反应让局面比实际情况变得更糟的事例。”

哇！这就是我们所提到的“打屁股”的**但是**讨论会议。我们喜欢关于**但是**的讨论，是因为无论主题多么令人不安，员工和管理者都直达问题的核心。我们都有**但是**，所以我们不妨讨论它们。是的，**但是**这个定义愚蠢并且不成熟，但请相信我们，它的确有用。这给沉重的话题和夹杂其中的情绪带来了平衡。在对员工进行评价时，将**但是**这个词汇与“弱点”“问题”“发展需求”和“技能空缺”等进行比较，它是理想的破冰者。在描述我们的个人或者职业失败时，我们宁愿说具有一个**但是**而不用其他任何词汇。我们认为，我们的管理者在与我们诚实地、开诚布公地讨论我们的**但是**时，他们会觉得比讨论其他事物要容易。我们鼓励你尝试与你的经理和直接上司开展**但是**讨论。如果大家一致关注**但是**，我们认为每个人的评价都会更有成果、更有建设性并更有启发性。

全面揭示

尽管对上述事例的研究取得了很好的结果，在**但是**和**但是**管理的世界中，有时候不会有幸福的结局。下面描述的是世界上最大的、最令人沮丧的**但是**。这个**但是**不能被驯服、被减少或被掩盖，因为在它的主人的思想中，它并不存在。

“但是”的典型症状46：没有自我反省意识

“关于雷的‘**但是**’，我反复告诉过他，**但是**他就是不得要领。”

一个人曾经被告知，他们有**但是**。曾经给了他们细致的例子中显示**但是**是如何自我展现的。别人向他们解释过他们的**但是**是如何负面影响他们的同事的。他们曾被反复告知，如果他们不减少或者掩藏这个**但是**，他们的工作会受到限制，他们在公司的未来会很短暂。他们反复遇到过他们的真相告知者，他们遭遇过多次的**但是**耳光和**但是**交谈。

这些人继续否认他们有问题，或者他们拒绝对问题进行处理；他们坚持消极的态度或者行为；他们将缺乏进步归咎于无能的管理层；他们忽略他们的真相告知者的所有警告，对正在伤害团队的行为，他们未采取任何修正行为。

我们怎么称呼这样的人呢？**但是**死脑筋。

你会怎么对待这样的人？

你不得不炒他们鱿鱼。

解决方法：如果你真的是一个**但是**死脑筋，那么即使我们费尽心思写就的这本书也可能帮不了你。你太不在乎、太固执或者太傲慢，以至于无法接受你令人苦恼的不完美之处。这对你而言太不幸了，因为这些问题会伴随你，无论你到哪里。请倾听你的真相告知者，并相信他们，不要追悔莫及。

如果你是一位**但是**死脑筋的管理者，你需要明白，失败也是一种选择，直到你意识到你的时间和精力应该更好地用于那些有决心进行提高的同事，你才能做到这么多。你尽你所能帮助员工克服他们的**但是**并取得成功。如果他们将人生救生圈丢还给你，那么是他们选择了沉溺在他们自己的自欺欺人的海洋之中。你只能拯救那些想被拯救的人。

“但是”文化

想象一下这样的工作氛围：团队中的每个人都真正意识到他们自身的**但是**、他们同事的**但是**和他们老板的**但是**。大家对**但是**以及他们减少**但是**的个人努力畅所欲言。当**但是**真的出现时，同事们会立刻对它们大声疾呼，犯错者也意识到**但是**的旧病复发。对于个人的完善，要有深刻的承诺，为了支持每个同事进行更好的努力，要有团队范围的承诺。如果一个团队能够围绕每个成员的优缺点因势利导地组建起来，这个团队随后会变成每个人都在擅长领域花费更多时间、在不擅长领域少花费时间的工作团队。他们能够做到这点，因为具有合适技能的同事能够隐藏他们的**但是**，他们同样也为另外的人这样做。它变成了一个团队，所有的团队成员都处在合适的位置并充分发挥他们的长处。想想当每个人都在做他们喜爱和擅长的活动时团队绩效的飞跃吧。结果是什么？团队变得更优秀，工作满意度提高了，员工周转率下降了。用同样数量的员工，产量却更多。产出驱动收益，并创造了一种吸引人的团队精神，每个有才能的工作应征者都希望成为其中一员。像**但是**这样简单和幽默的词汇能帮助建立这种充满生机的、有活力的办公室文化吗？我们认为可以。我们希望你能够在你的工作中帮助建立一种**但是**文化，这样你的团队会更成功。

“但是”现在怎么办?

阅读阶段已经结束了，自我反省的时刻也过去了，现在是开始行动的时候了，因为这关乎你的**但是**和你的职业生涯。

我们需要你做下列10件事情并开始重塑你存在**但是**的工作。

1. 评估你的工作是否如你所愿正在进步。如果你对你的进步不满意，请转到第2件。（即便你对你的工作满意，我们也建议你转向第2件，因为你总能做得更好。）

2. 写下你所知道的你有的**但是**。将它们全部列出来。如果你有超过10个**但是**，将本书扔掉，去看临床专家吧。

3. 去找你的真相告知者，告诉他们你正走在寻找你的**但是**的求索之旅。给他们你的列表，并请求他们对列表进行补充。告诉他们对你的**但是**按照从大到小的顺序排列，坚持要求他们带你梳理每个**但是**，用最细致的细节，不管过程有多痛苦。问尽可能多的问题，进行澄清，探求实际生活的例子，并多做笔记。

4. 和与你工作最密切的人分享你的真相告知者的高见。确认列表是完全的和准确的，要求他们补充任何可能漏掉的**但是**。

5. 既然你有了一份核准后的**但是**列表，去和你的经理坐在一起，对每个**但是**进行仔细检查，确认这些是你的经理希望看到你有所完善的领域。请你的经理对它们进行排序，并关注最大的两个**但是**。请求你的经理对你减少这些**但是**的进步进行监督。每个月进行核对和快速评估。

6. 做出明确的改进承诺。用你认为合适的任何形式和地点向同事宣布你需要完善的领域。要求他们在你的**但是**出现时指出来，以此来助你达到目的。

7. 积极寻求处理你的**但是**的机会。将你置于在过去使你失败的局面中，当时失败是因为你对个人缺陷毫无察觉。知识就是力量，你现在既有知识又有力量。当你再次面对那些状况，你已能够克服这种个人障碍，你能做到。

8. 确定并征集能够帮助消除你的**但是**的同事。很有可能你无法独自将你所有的**但是**减少。给他们你不愿意做或者没有天分去做的任务。可能你的同事也有一些可以转交给你的任务。

9. 询问你周围的人他们的**但是**是什么，以及你如何帮助他们克服它们。明确地询问你的老板他的**但是**是什么，这样你能够摆正你自己的位置，帮助他始终关注他擅长的领域。消除你的老板的**但是**是一种双赢策略。

10. 让你办公室的所有人都投入这种**但是**文化。关于每个人的**但是**，鼓励开诚布公地、诚实地对话，这会改善你的工作环境，带来更多的产出。

你还在等什么？站起来，将那些**但是**踢走。

“但是”已经够多了

好的，我们听你的。我们将本书带向结尾，我们希望你觉得**但是**的概念很有趣，至少让人愉快。如果本书让你对你自己的工作和你在工作中的行为有所反思，那在我们眼中《别让“**但是**”毁了你》就是值得阅读的一本书。

我们买了很多商业书籍，我们可以诚实地说很多书籍很有趣，有些书籍让人愉快，但只有少数真的实用、有价值。几乎每本商业书籍都太冗长，给出了一大堆它们试图传递的信息。我们试图使本书简短和亲切，这样你最珍贵的资源和时间可以用于其他事务。我们希望在书中某处你找到了你的**但是**。如果我们讨论过你的**但是**，我们希望你对它有了多一些的了解，我们关于减少或者隐藏**但是**的建议会被证明有帮助。如果我们鼓舞你去探求本书未涵盖的**但是**，那也很好。找到你的真相告知者，你会找到你的**但是**。无论你的**但是**是什么，我们希望你了解到你并不是特例。每个人都有**但是**，用某种形式拉他们的后腿。那些有勇气去直面他们的**但是**并对其进行掌控的人会因为他们的努力和决心而受到奖励。那些没有读过本书的人和/或从未发现他们的**但是**的人永远不会明白，为什么在工作中，他们不能如他们所愿的那样和同事一样快地晋升和大展宏图。尽管听起来有点傻，我们希望**但是**这个词以及概念会在全球商业词汇中找到一席之地。如果员工和他们的经理公开讨论他们的**但是**，员工以及他们服务的公司会变得更有产出、更有效益。如果这些关于**但是**的对话带来了**但是**文化，每个人都知道团队成员的长处和弱点，那么我们真的创造了某些特殊的事情。我们希望你在追求和探索过程中好运。

附录1

对“但是谈话”的一个案例研究

如下是鲍勃的一个同事的感言，他从鲍勃那里接受了现实的“**但是**谈话”。

在2010年春天，我工作中最好的朋友建议我去顺访鲍勃·阿瑟比，寻求一些工作上的建议，他是肿瘤药品销售的全国总监。我不确定我该对鲍勃说什么或者问他什么问题，但我欣然接受了和公司的高级销售主管共度时光的机会。我希望我最终能够与某些有权势的人坐在一起，他们对销售和市场才能有鉴别能力，身处能够将有才能的人放在合适位置的职位。我没意识到，建议此次会见的密友告诉鲍勃，我需要一次坦率的职业讨论，来确定拉我工作后腿的核心原因。

当时，我对当前的工作变得越来越焦虑，我认为我未能人尽其才，不受赏识。在之前的两年，我在七个不同的销售和市场职位中工作过，这能增加我的影响力，提高我做出贡献的能力，使我为未来更大、更好的事情做好准备。不幸的是，七个职位中没有一个让我获得更好的工作，从我的角度来看，在我们公司和销售市场部门，有非常严重的错误，这变得越来越明显。我一直问自己，为什么像我这样有才能和经验的人无法在这个组织中进步。

我认识鲍勃，但不太熟。他具有坦率、强硬但公正的名声，这都是我所追求的。我认为，任何具有公正观念的人都会看出来，我没有得到我应得的机会。我是一个有经验的、不屈不挠的、自信的销售和市场主管，我确信鲍勃能看出来这点。起码，我希望可以开始和鲍勃建立一种关系，因为他身处雇用有才能的员工的位置，有使我的事业进步的潜能。

记住，我去会面时，目的是建立社交网络并向鲍勃推销我自己，而鲍勃的目的是提供客观的反馈和合理的职业建议。会面开始很顺利，我们俩互相开着玩笑。我告诉他我当前的工作局面、我的抱负和我在公司的挫折程度。鲍勃问我为什么认为我错过了升职机会。我说：“公司政治。”

鲍勃看起来大惑不解，问道：“你认为，拉你后腿的问题的根源是什么？”接着鲍勃坦率地解释了他自己的个人发展领域。

我承认我理解这个问题，随后说道：“我不能很好地和上司保持一致，就是这个原因。”

鲍勃带着怀疑说：“和上司保持一致？”随后他问我，我认为这次见面的目的是什么。我变得非常不安，但还能回答说我想进行一次发展讨论并得到指导，我如何才能处理我的薄弱领域。鲍勃回应说“这听起来很不错”，然后问道，“你真的认为和上司保持一致是你要发展的关键领域吗？”我知道我有了麻烦，但我想保持前后一致，所以我回答说是的。鲍勃回应说“这全是胡说八道”，并说如果我不进行一些探及灵魂的事情，真正了解和承认我需要发展的领域，几乎没有职业进展的希望。随后，鲍勃看着我的眼睛说道：“你并没有你自己想的那样好。这就是你没有被提拔的原因。”他接着说，每个人都有拉他们后腿的发展领域，如果我认为我没有，那么我就有了最大的发展问题，即没有自我觉醒。他接着说，他和我并不那么熟悉，无法给出特定的建议，但他强烈怀疑我有自我觉醒的问题。我被最后的话语弄崩溃了。我在会见中真的崩溃了。尽管有“不要在棒球赛中哭泣”的说法，在当天的生物制药业务中，我哭了。我不能相信，我对我的境况和造成境况的原因竟然如此有错觉和毫不在意。是我的问题，不是他们的问题。

结束见面时，鲍勃指着我的胸口说：“我知道在你心中有一个‘好男人’，你需要找到他并将他赶出去。不要再试图当假装的能人那样的主管了，让员工了解真实的你。”

结束会面时，我既震惊又难过，可是在内心深处知道他是对的。经过深刻反省并用五个步骤对付我的**但是**之后，我接受了在过去三年中，我养成的几种**但是**的事实：

我养成了一种“牢骚和抱怨”的防御机能。

我养成了一种“白痴综合征”和“不是我”相结合的态度。

在之前的两个职位中，我无法做到“首先完成”。

毫无疑问，我接受了我的事业中非常急需的“**但是**耳光”，我在人生海洋里获得了鲍勃抛出的救生圈。鲍勃让我知道，如果我愿意，我可以得救。

我可以非常高兴地告诉你，经过更多反思，我驾驭了我的所有**但是**，并且开始了缩小这些**但是**的艰苦工作。我很快走上了恢复之路，可我充分意识到如果掌控不当，某些**但是**还会重新出现。我刚刚结束了我最为成功的一年工作，我有4名直接下属得到了晋升。在我们的全国销售会议上，我得到了700名同事长时间的起立鼓掌，他们开始了解真实的我，我也了解了真正的自己。我调到了一个更重要的跨国职位，我的事业已经重回正轨。

我给大家最好的忠告是：去找到你们的真相告知者，倾听真相告知者的讲述。吸纳他们说的所有话，然后对**但是**进行处理。为了减少你的**但是**，你必须主宰它。与我一样，你会收获全部而毫无损失。

附录2

观点摘要

“但是”

这是我们所讨论的：

· 吉姆是位很不错的营销人员，**但是**他总是无法达成交易。

· 瑞秋工作是很努力，**但是**她分不清孰轻孰重。

· 拉里是个很棒的生产者，**但是**他管理方面很差劲。

· 丽莎智商很高，**但是**她情商几乎为零。

按照我们的经验，人们的事业没有进展，主要的原因是他们要么缺乏技能，要么他们与其他候选人相比没有资格或者资格较差。成为你的事业的主宰者，记住，你的处境是你掌控的行动和行为的结果。它们就是你的**但是**。

你有一个“但是”

我们向你保证，在走廊和会议室里，你的**但是**正在被谈论。人们就是喜欢谈论你的**但是**，尤其是你的同事们，他们抓住每个机会挑起话题。你的同事从你的**但是**中获得了太多乐趣，以至于无法告诉你。他们明白，如果他们向你透露你的**但是**，你可能会停止向他们和他人暴露你的**但是**。在一些情况下，他们希望你的**但是**拉你后腿，这样他们能够进步，而你则不能。

发现你的“但是”

如果有一位真相告知者乐意向你谈论你的**但是**，你最好密切倾听。当真相告知者关于你的**但是**提供反馈以及你该如何完善时，你必须接受这些反馈，即便你正在同它做斗争。倾听直接说出的意见，也要倾听对于你的真相告知者来说太具有伤害性所以无法言语化但用其他方式暗示的东西。即便你不赞同真相告知者的反馈，也要当作正确的东西接受。你对你自己怎么想无关紧要，而他人如何看待你才是重要的。不管你喜欢与否，他们对你的看法才是事实。

如果你足够幸运，找到了一位经理或者真相告知者直接告诉你你的**但是**，我们希望确保你能够在情绪上为将被告知的东西做好准备。如果它是大的、丑陋的**但是**，你会感觉到触及心底和灵魂的剧痛。一旦你的**但是**被暴露于你面前，你直面它并全面理解它是至关重要的。你必须理解它对你、你的下属、同事、客户和你的经理的影响。发现你的**但是**、直面你的**但是**、最重要的是接受你的**但是**，通过这些你才可以开始掌控它。

彻底击败你的“但是”

当涉及你的**但是**时，你无法愚弄他人。他们会看穿你的假惺惺的努力或者为弥补问题所采取的步骤中最不显眼的不真诚。如果你想向深受你的**但是**之苦的人推销你的变革的承诺，那它必须发自你的内心深处。减少你的**但是**的过程，就是从检查你的自尊开始，并做出真诚的、齐心协力的努力来使你成为有效率的职业人员和更好的员工的活动。你必须寻找并参与可以处理你的**但是**的机会，并找到那些可以向外界表明你在直面**但是**的场合。

和在你不擅长的领域擅长的人搭伴。当你和这些人共度时光时，你会意识到他们也有弱点，在很多情况下他们的弱点很可能就是你擅长的领域。一旦你了解了你的**但是**，找到可以完善你的**但是**的人，就要寻找可以报答他们的场合。

你的老板的“但是”

与你一样，你的老板也有一个**但是**，或者说，在一些情况下，有多个**但是**。你需要花费时间分析和理解你老板的**但是**，并确定哪个是最大、最显著的。你了解哪里是你老板最薄弱、最脆弱的领域并调动你的独特技能来消除这些**但是**，这极端重要。如果你的长处抵消了你老板的短处，你会是一位弥足珍贵的员工。

“但是”现在怎么办?

我们需要你做下列10件事情并开始重塑你存在**但是**的工作。

1. 评估你的事业是否如你所愿在取得进步。如果没有，转到第二件。

2. 写下你所知道的你的**但是**。

3. 去找你的真相告知者，给他们你的列表，要求他们对列表进行补充。

4. 和你的同事分享你的真相告知者的高见，确认该列表是全面的、准确的。

5. 和你的经理坐下来并检查你的每个**但是**。让你的经理对它们进行排序，并承诺关注最大的两个**但是**。

6. 向你的同事宣布你需要完善的地方，并请求他们的帮助。

7. 积极寻求机会处理你的**但是**。

8. 对可以帮助消除你的**但是**的同事进行召集，将你不喜欢做或者没有天分去做的任务交给他们。

9. 问问你的老板和你周围的人，他们的**但是**是什么，你该如何帮助他们克服它们。

10. 关于每个人的**但是**，鼓励开诚布公的、诚实的对话，让你办公室中的每个人都投入到**但是**文化中。

附录3

“但是”在天资、个性、行为方面的分类解析

在下面你会发现与天资、个性和行为相关的一长串**但是**的列表。你会发现，其中一些**但是**是本书正文中的，其他**但是**是全新的，我们给这些**但是**标注了“新”字样，用来帮助你记住它们。它们是为你所写，与你有关。我们首先描述同事们对具有每种**但是**的人怎样想、怎样看。这很严苛，但准确。我们还涉及了减少、削弱或者消除它们所需要采取的措施。阅读并吸收每种描述，这样你能够掌控你已具有的**但是**并避免产生你不具有的**但是**。**但是**并不是只属于这三种分类，所以我们的分组只能用作参考。

天资方面

分析分析！：“……但是分析能力很差。”

你会做数学题，但你无法确定数字想要向你传递什么信息。

商业是数字的游戏。最优秀的参与者擅长研究图表并确定可以凸显商业中重要的风险和机会的类型和趋势。有很多可以“运算”数字但却偏偏无法解读它们的人。分析技能在一定程度上既是艺术又是科学，还掺杂了很多经验。如果你无法胜任数学/科学职位，那么你可能选错了工作。如果你无法确定重要的趋势，你需要更多的经验和能够做这些工作的人的指导。

解决方法：如果你得到反馈，差劲的分析技能是你的**但是**，你要慎重看待这点。如果你无法进行数学运算，你就无法做好这项工作。去找个新的职位吧。对数字进行解读同等重要。某些人对此有天赋的直觉，而其他的人则随时间推移培养这种能力。去参加关于Excel或者其他分析软件的辅导班可以隐藏这个**但是**。到大学里去重新上你当初学得一塌糊涂的统计学课程。在你的公司找到具有很强分析能力的人，请他们对你进行辅导。预约一间会议室，带着午餐，请专家带你从头到尾学习他们的思考过程。

（新）只从A做到Y：“……但是不能从头到尾执行。”

你启动了很多项目，可是你几乎一个都没完成。执行就是规划、启动和完成任务的能力。你在进行这三项功能时遇到麻烦，到头来只有完成一半或者放弃项目。执行的能力是商业成功的关键。你需要将事情做完并将它们做好。有这种**但是**，你越接近项目完工时，事情就变得越困难，这正是那么多项目启动却未完成的原因。你能够规划并启动一个项目，可是如果你不能从头到尾执行并成功完成项目，那么你遇到麻烦了。

解决方法：如果执行是你的**但是**，你需要减少它或者隐藏它。要减少它，你必须从心理上承诺去完成你启动的每个项目，不要承担另一个项目，除非你的前一个项目已经完成。启动项目比完成项目要容易得多，在完成你的头一个项目时，要埋头苦干，对第二个项目连想都不要想。如果你必须要隐藏你的**但是**，那就与具有项目管理技能和完成项目的韧性的人合作吧。带着你完成的产品去见经理，确认产品完成了，然后进行公开的通告，感谢每一个帮助过你的人。

（新）更大的图景：“……但是在战略思考方面步履艰难。”

你擅长完成任务，但对于你的公司要达到什么目标，你几乎没有了解。对此不要有误解，更大的图景等于更多的薪水。如果有人说你无法通过树木看到森林，或者说你赢得了战役却输掉了战争，那这是个问题。你埋头工作完成任务值得赞赏，但远远不够。战略思考指的是看穿眼前和你的狭隘职能，理解你的公司整体上想要变成什么样子。

解决方法：你必须学会在执行紧急任务的同时，一直了解你的公司面临的重要战略主题。紧急的事情必须今天完成，而重要的事情，比如展望未来，需要每天都去进行。你需要阅读行业杂志、与行业内的杰出人士会谈并对竞争进行研究。抬起头来，试着去理解你的客户和你的行业目标在何处，并在他们到达之前到达。

盲点：“……但是她对她的一个直接下属有盲点。”

由于你所在的地位，你无法正确地、准确地对人员和局面进行评估。每个人在特定的某个时候都会有盲点，在盲点中他或她从他们的角度可能无法看到团队中发生的所有事情。在你无法看到的事情中，风险可能正在发生。在团队中可能有某个人表现差劲或者在破坏团队文化。你可能太专注于你的传统竞争者，以至于你完全忽视了新崛起的、正在挖走你的客户的公司。

解决方法：在你的团队讨论中，使用电影《弱点》作为类比。向所有人解释，他们都要成为警惕的“左内边锋”，总是对商业或者文化的威胁保持警惕。用这个问题开始或者结束你的会议：“有没有人发现了我们可能没有发现的、对我们的生意造成风险的事情？如果有，请现在提出来或者稍后来找我。”

（新）咖啡属于完成生意者：“……但是无法完成新的生意。”

客户喜欢你，你的会谈日程安排得满满的，可是你并未创造良好的销售数字。如果你是一位销售人员可是你无法完成生意，你对你的公司几乎没有价值。销售人员需要让客户在签名处签字并购买产品或者服务，公司的生存就靠这个，一直可以做到这点的员工很有价值，不能做到这点的员工不能得到咖啡或者工资。

解决方法：要学习完成交易的艺术，你必须花费时间和你公司最高级以及最有产出的销售人员待在一起。销售既是一门艺术又是一门科学。如果你的公司有一种销售文化，它们会赋予你掌握这门科学的手段。要参加销售培训班并增加你的天分。同样重要的是，要对你公司中的销售大师亦步亦趋，这样你能学到销售的艺术方面的技能。他们会向你展示一个秘密，即准确知道在何时、用什么方式请客户完成交易。你只能得到你所要求的，而销售大师知道如何提出请求。

（新）捉摸不定的标点符号："……但是不会写东西。"

你的备忘录和电子邮件冗长、枯燥无味并且不着边际。尽管发生了那么多技术变革，写作仍然是最常用的交流方式，因此，如果你想成功，你必须能够清楚、准确地写作。你不必成为海明威或者莎士比亚，可是你的确需要用连贯的书面形式提供事实、观点和分析。在今天的电子邮件、短信和推特的世界中，书面交流比以往任何时候都重要。

解决方法：锻炼你的写作能力，参与一个商务写作课程，在向公众提交前，让一位有能力的同事帮你编辑你写的东西。如果书面交流是你的**但是**，要尽快地去减少、隐藏或者弥补它。

舒服自在："……但是变得自满。"

你待在现在的职位时间太长了，你已经失去了你的优势；对于事情如何进行，你太轻车熟路了。人员、过程和文化本身都有熟悉的节奏，这使得你进入自满的状态。全球市场、行业竞争者和你的客户绝不会自满。如果你是一个组织的领导者，而你对一个截然不同的未来没有做好准备和去适应，你最好离开，否则你会被迫离开。

解决方法：你需要一个唤醒电话。走出你的办公室，和处于第一线的人交谈，看看什么在起作用而什么不起作用。从你最大的竞争对手那里雇用一些人，这样他们会展示在那里事情是如何用不同方式完成的，以及这样做的原因。对手公司就像等待给你以及你的公司致命一击的狙击手。要了解他们身处何方，以及他们到底在做什么。

（新）控制你可以控制的：“……但是不能搞定一切。”

你没有做好你的职位所要求的行政任务。不按照简单的工作要求（比如：支出报告、做财政决算、业务更新）提交工作就像在高等微积分、有机化学和量子物理学上都得到了优秀，然后却无法毕业，因为你没有达到体育方面的要求。你需要明白，如果你不根据这些基础的事物执行并提交，你的同事和老板会对你失去信心。你必须持之以恒地、准确地完成你的职位所要求的在行政方面的任务。

解决方法：对于公司而言，诸如提交旅行发票、参加合规训练及填写自我评价表格等任务，就像一个人的个人卫生问题一样，无论你认为你有多忙碌，你都得将这些事情做完。完成你的年度自我评价，做完你的合规培训课程，将这些任务列成清单，将它们放在你的日历上，将它们完成。如果组织技能和注重细节不是你的长处，你最好找到一种隐藏这种**但是**的方法。这是很简单的，例如雇用一个强制组织助手。

（新）先做重要的事情：“……但是无法确定孰轻孰重。”

你不知道哪项任务是最重要的，因此你活跃地从一个任务转到另一个任务。商业只不过是用合理的价格向客户提供高质量的产品。在公司内部，你的同事就是你的客户。你必须树立一种能用尽可能少的时间提交高质量工作的口碑。时间就是公司的流通货币，你要在保持高质量的同时，尽可能有效地、尽可能高效地利用时间。

解决方法：在开始下一项工作之前，先把手头的工作完成。急于求成会导致差劲的工作和提交过晚，这两样都会毁掉你的个人口碑。避免这种**但是**发展的最好办法是具有说“不”的勇气。有些人，在别人出现并寻求帮助时，无法对优先级最高的工作全神贯注。每天按照优先级的顺序列一个任务清单，在第一项任务完成之前，不要开始第二项任务。

像《土拨鼠日》那样的场景：“……但是我无法描述他做其他任何事情的场景。”

你的工作重心很窄，你喜欢这样。想成为一个全神贯注的专家，这没有任何错误。你冒的风险是同事和管理层可能会将你的工作归类为非常细化的职能。这真的会制约你被提升或者削弱你调动到一个具有更好的发展前途的业务部门的能力。如果你发现你每天做几乎相同的事情，那么你可能在职业上没有进展。如果世界发生变化（我们都知道这是会发生的），你就有丢掉工作的风险。

解决方法：如果你乐于做你现在做的事情，那么就将所有精力与专业技能全神贯注于此，确保你一直是你选择的领域里最优秀的。当然，要留意，在你的专业领域可能会有大的市场变革或技术进步，使你有被淘汰的可能。要避免这种风险，要向你的公司展示你还可以奉献更多。去参加行业盛会或者参与专题讨论，突出你对该主题的热情以及你的交流技能。和你的销售人员去参加客户会谈，帮助赢得订单。要参与能够给你声誉和用新的方式做出贡献的项目和委员会。

（新）神圣的摩西：“……但是不能说服别人。”

你不擅长向他人证明你的主意是好主意。对于身处领导位置的人，影响和说服他人的能力是一项必需的技能。我们定义的领导能力是能够创造一种从未发生过的未来的能力。为了实现一个不可预知的、更好的未来，领导者和销售人员必须说服大家跟随他或她进入沙漠（在《圣经》中，摩西说服族人跟着他走入沙漠，最终走出埃及。本处作者用走入沙漠比喻面对未知的困境。——译注）。你需要向你的同事兜售主意，以便让他们从当前做的工作中发生改变。只有好的主意还不够，让人们冒险拿今天所拥有的东西来交换他们明天能够获得的东西，需要拥有说服别人的敏锐的能力。

解决方法：如果这是你的**但是**，要花时间观察那些能够用让人看起来不可能的方式使组织运行的人。询问他们是如何做到这点的，然后观察他们进行这项工作。对于销售技巧来说，“影响”和“说服”是那样令人陶醉的词汇。唯一的区别是，你是向同事兜售而不是向客户兜售。在两种场景下，你必须使某些人确信，你的主意或者看法会以某种方式改善他们的生活。

痛苦之王：“……但是必须扩展安乐窝。”

你不喜欢做你以前从未做过的事情，这被称为安乐窝，因为你在其中感到十足的放松和自信。在此之前，你在安乐窝中已经多次完成任务。走出那片区域意味着风险、学习、变革、痛苦和悲惨。为了变得更好、走得更远、在个人和事业方面取得进步，你必须渴望在你的安乐窝之外的环境和工作。当你扩展到你的技能、天资和痛苦阈值的极限时，你将成长得最多。对于公司最有前途的经理，公司希望他们经历痛苦和不幸，因为这让他们成长，使他们变得更优秀。

解决方法：你必须乐于寻求扩展性的任务。请求可以对你造成挑战的新职位或者新项目吧。要确保你在工作中做了一些能让你手里捏着一把冷汗的事情。

不成熟的自我吹捧(PSA)：“……但是并未精通现有的工作。”

你对自己的看法比实际情况好得多。你对现有职位技能并不精通，你不应该要求晋升。对于从顶级大学毕业的年轻职场人和其他野心勃勃的员工来说，这种现象是很普遍的。除非你已经精通了现有职位的工作技能，否则好的经理不会给你更重要、更好的工作。

解决方法：如果你需要一份新工作，对于你现有的工作，你必须做得比以前做过这份工作的所有人都优秀。你想要的工作必须比你的第一份工作更重要、更宽泛、更复杂。除非你做到了所有这些，否则不要请求你的经理或者组织中的任何人考虑你对晋升的要求或者需求。问问你的经理，为了达到下一个级别，你需要做什么，然后去做。

（新）公开场合觉得尴尬不安或难为情：“……但是展示技能很糟糕。”

当你需要站在听众面前时，你觉得尴尬不安或难为情，听众也会尴尬不安或难为情。紧张、吞吞吐吐、支支吾吾、声音单调、僵立着像是脚钉在了地板上，这些都是你还未准备好进行黄金时间展示的几个标志。

公司非常注重展示的技能，因为对于绝大多数的公司而言，交流信息是成功的关键。

解决方法：如果这是拉你后腿的问题，请求你的公司派你去参加培训。有一些进行展示的方法和技巧，一旦你了解了，就会变得更优秀。如果公司不愿意为展示培训付款，那你就自己掏腰包，这是一种具有很高回报的不错的投资，通过专业帮助和大量训练，你的展示技能可以提高。

（新）“沉默的羔羊”：“……但是需要提出更多的问题。”

在会议室中，你静静地端坐，从不举手提问。你的老板让你做某事，你并不确信老板到底想要什么，你也没有转回去请老板阐明。在任何一家公司，不问问题都会成为事业发展的障碍，使事业脱离正轨。要有好奇心，要勇敢，人们喜欢向你展示他们如何见多识广，所以给他们这样做的机会。在办公室、会议室的门口将你的自尊、自豪和不安全感收起来，问大量的问题。将你的愚昧无知隐藏起来反而是让它永久存在的最有效的方式。

解决方法：在下一个项目时，对于这个项目如何与更大的公司战略吻合要有更好的理解，这样在得到更多的信息时，你可以对项目进行适当的调整。提出积极的、开放式的问题，这样你的经理能够阐明，他或她到底想要你或你的团队做什么。提出问题就向经理展示出了你对项目的自信、兴趣和支持。

（新）没有反馈报告：“……但是从来不给反馈。”

你从来不告诉你的手下，他们到底要身处何处，何去何从。

你从来不花费时间给你的工作人员提供有价值的反馈。这应该是你所承担的最重要的职责之一，但你却忽略了它。如果你不告诉你的员工或者团队他们做得好不好，他们怎么能做得更好呢？

解决方法：如果你管理员工，你有义务给他们提供反馈，他们拥有从你这里接受反馈的不可剥夺的权利。反馈就像家庭做的面包，它应该在新鲜热乎的时候就提供给别人。永远不要等着给出反馈。在事件、会议或者展示之后，反馈要马上提供和接收，对于提供者和接受者，这是勇气和接受能力最大的时刻。两天后，反馈陈旧了，更难领会，要尽快给出反馈，要欣然抓住成为你的同事的真相告知者的机会。

宜早不宜迟：“……但是花了太长时间来提交最终的产品。”

你没有在事物所需的时间框架内提交产品。如果你有这种**但是**，你也许是一位完美主义者，你不会提交你的工作，除非它已经彻底地、完美无瑕地完成了。这很好，可是客户和市场不会等待完美，他们需要解决方法，他们现在就需要。有些时候，今天的“足够好”胜过明天的“完美”。

解决方法：你总可以在你的报告中少提交细节，或者请你的经理给你更多的领导一个项目的时间。要确定到底需要什么，到何时结束。在内容、时间和努力之间找到合适的平衡。我们最近学到了一个很棒的商业名词：ALAPAMAN。记住这个名词，它代表的是：尽可能的少……少到只剩下必不可少的。最有产出和最有效率的员工总是提交ALAPAMAN。

个性方面

以怒制怒：“……但是他对琐碎之事大发雷霆。”

你是性急的人，会勃然大怒。没人会喜欢怒气冲冲的男人或者女士。大喊大叫、咒骂和咄咄逼人的姿态真的没有魅力。如果你认为在愤怒爆发后，一个道歉可以让事情平息，那你就大错特错了。愤怒的爆发让人们筋疲力尽、伤痕累累，大家不喜欢或不信任那些出人预料地爆发的人。记住，如果你是一颗定时炸弹，你的公司首先会拔掉你的引信，然后将你处理掉。

解决方法：管好你的愤怒。关注是谁或什么事情引发了愤怒，尽你所能回避那个人或者发作的局面。一次愤怒的爆发会让你在1分钟内感觉好受得多，但会让你周围的人1个月内都感觉很糟糕。记住，大多数愤怒是被恐惧驱使的。你认为你可以表现得很强硬，事实上只是说明你害怕了。

显而易见的傲慢自大：“……但是看起来傲慢自大。”

大家都认为你是一个傲慢自大的势利眼，你只会在比你级别高的人身上花时间。你居高临下地和其他的人交谈，你说话时带有极端的权威口吻，还伴有冷嘲热讽。当同事们将某个人描述为傲慢自大时，他们基本上是在说他们不喜欢或者不相信那个人。“傲慢自大”是一个包罗万象的标签，它会毁掉贴上这个标签的员工。如果你的经理告诉你，你被视作傲慢自大的人，为了揭掉这个标签，你有很多工作要去做。

解决方法：你必须变得和周围的人一样，那样他们会将你看作同一类人。最重要的是，对他们的生活要感兴趣，关于那些对他们很重要的事情，要问很多问题。让他们浪费几分钟的办公时间和你分享他们的恐惧和热情。要去除傲慢自大这种**但是**，没有任何战术图集可供你参考。然而，如果你对他人敞开心扉并鼓励他们对你敞开心扉，我们保证，与以前相比，他们对你的喜欢和信任会多一点。

（新）优越感：“……但是太有优越感。”

你与他人交谈时，似乎他们是你的仆人。在同权势不如你的人交谈时，使用一种优越的口气不会被很好地接受。人类历史和公司办公室充斥着这样一种人：他们因为他们的权势变得陶醉，并压迫那些帮助他们到达这一地位的人。如果带着尊重对待每个人，会有回报，尤其是对那些指望你进行领导的人。你必须总是和你的团队产生双向的忠诚和承诺，他们是决定你成败的人，是在危难时刻会挽救你的人。破坏与他们的良好关系最有效的途径就是用具有优越感的方式和他们讲话。

解决方法：注意你的口气，要恭恭敬敬，在你对他人讲话时，想想你乐于别人用什么方式和你说话，那么也怎样和他人讲话。在与保安人员和清洁女工打交道时，要用你与同事交谈时同样的态度。如果你交谈时带着优越感的口吻，人们会认为你是傻瓜，他们可能是对的。

一蹶不振：“……但是没有弹性。”

你不能从失败和失望中迅速反弹。你百无聊赖地在办公室徘徊，一脸“我是倒霉蛋”的愤怒表情。挫折与失望是商业生活的一部分，要根据你如何对其做出反应以及如何从中恢复来对你进行判断。商业就像拳击比赛，因为在你的事业中，你会遭到一些大的打击，有时你会发现自己被击倒在地。

解决方法：自怨自艾和归咎他人是对宝贵时间的浪费，最重要的事情是站起来继续战斗。那些没有杀死你的事情可以让你变得更强大，只要你坚持斗争，你总会有获胜的机会。当你下次在工作中遭遇挫折时，你必须将其视作一次教育机会并从中吸取教训。面对负面的事件，正能量是最好的回应。

极端利己：“……但是具有很严重的自我主义。”

你认为你就是一切，你认为你那么重要，以至于你的坏习惯只不过是你拥有天赋的代价。你是那么珍贵，以至于公司和社会的法则不能应用于你身上。你常常不尊重高级管理层并对公司表现出蔑视。你抓住每个机会将你的需求和野心置于你的同事与公司之上。

解决方法：如果你是极端利己的人，除了变低调或者离开公司，我们没有任何建议。你不是一切，我们离开你也能生存。如果你是极端利己的经理，现在是你采取行动的时机了。你的员工在密切注视极端利己者，并且他们更密切地关注你对局面的反应和回应。

（新）白痴综合征：“……但是他们认为其他人都是白痴。”

你认为你是公司最优秀的员工，而其他人都是懒散的傻瓜。具有白痴综合征的人一般都很有才能，但在他们心中，管理他们和支持他们的人都是白痴。你告诉大家你自己就可以完成你们要做的任务，这是非常令人惊讶的，会让其他的人感到自己是如何无能。

解决方法：对待公司中的每个人，就像对待你的客户。为什么？因为你的同事就是你的客户，他们会决定你是否是他们愿意合作的人，他们决定你优先考虑的事情是否也是他们优先考虑的，他们决定是帮助你还是帮助其他的某个销售人员。你必须与其他公司竞争以赢得生意。在公司内部，你也需要竞争来获得你同事的帮助和支持。

不真诚：“……但是被视作一个骗子。”

大家认为，你就像3块钱面额的纸币那样假。如果同事们认为你有手段或者搞小动作，这就是一个严重的问题。在你言谈举止中，你心中都有一个独特的个人安排。你被视作不真诚的人，你不被信任。你同事知道，对你来说，你的个人安排要远远重于公司的安排。

解决方法：如果你被别人视作骗子，这真的很难克服。你需要做的第一件事情是确定你的目标与雄心是否与公司一致。然后你需要确定你是否乐意与同事合作以获得可以分享的成功。如果你能做到这两件事情，你在公司的事业还是可以挽救的。你需要向大家展示，团队的成功比你个人的成功重要。

有双重性格的人：“……但是太喜怒无常。”

你的个性和举止反复无常、没有定性。没有人愿意和喜怒无常的人共事。某天你高兴并且乐于合作，第二天你充满敌意并且好战成性。一旦你进入一个房间，你就给当天定下了糟糕的基调。你就像一个即兴发挥的爆炸设备，可以毁掉整个团队的士气。你两极分化的古怪行为让其他所有人如履薄冰，你阻碍了工作的完成。

解决方法：如果你是喜怒无常的人，不要将你的情绪包袱带到工作场合。避免能让你爆发的人或者场景。在外表上要微笑，即便在内你是胡言乱语的狂人。那些可以很好平衡并掌控他们事业和个人生活中的压力与负担的人可以担任领导者。此外，如果你是他人的经理，你尤其要注意你的情绪，因为你的情绪的影响可能是毁灭性的。如果大家指望你担任领导，那就努力让你的领导能力保持平稳。如果你实在无法控制你的情绪，那么就在那些糟糕的日子里，控制你与他人的接触吧。

健忘大师：“……但是没有自省意识。”

即便你已经被告知多次，你依然忘了人们对你评价很差劲的事实。你曾被告知你有**但是**。你曾经被举出例子说明你的**但是**如何表现，曾经向你揭示过你的**但是**如何负面影响了你的同事；你曾被反复告知如果你无法减少或者隐藏你的**但是**，你的事业会受到限制或你在公司的前途会很短命。你反复否认你有问题，你对你的负面态度或行为我行我素，对于工作没有进展，你归咎于无能的管理层，你忽视了你的真相告知者的所有警告，你也没采取任何改正措施。

解决方法：你需要知道和明白，他人对你的反应是什么。对于任何职业来讲，自省意识都是最重要的品质。没有自省意识，你就像在伸手不见五指的雷阵雨中不依靠雷达飞行。如果你无法自己注意到他人对你的负面反应的信号，那么在你崩溃前，你需要寻求帮助。这就是为什么真相告知者很重要以及倾听他们更重要的原因。如果你被告知你没有自省意识，去买本关于自省意识的书吧，或者将本书再读一遍。这两种方法都能教你如何倾听你曾长期忽视的信号并接受你的真相告知者告诉你的事实。

人性恶的暴露：“……但是有一种卑鄙的倾向。”

你是一个精神上卑鄙的傻瓜，你会故意去伤害无辜的人。

在工作场合，卑鄙表现为：攻击同事并伤害他们的自尊与名誉。如果你被视作卑鄙的人，你之后所说所做的所有事都会被透过这个有色眼镜看待，大家不会服从你，他们会害怕你，但他们不会服从你。如果大家看到你对他人卑鄙，他们确信你总有一天会对他们卑鄙，无论他们是否身处攻击的现场，这是合情合理的。大家会迅速组织起来对付他们视为卑鄙的人。

解决方法：对于罪有应得的卑鄙名声，我们没有任何好的建议。

没有彻底的“我错了”或者进行变革的真诚努力，你的任何方法都不会奏效。如果以后你故态复萌成为卑鄙者，哪怕只有一次，大家都会攻击你，你就会被消灭。

乐观先生：“……但是有些过于乐观。”

大家不在乎你，因为你从不直面现实。你认为快乐的想法会解决问题，尽管乐观主义是很棒的个人性格，但乐观主义需要以一些基本的现实为基础。生意不会因为你希望或随口一说它会变好或者更具竞争力，就真的会变好或更具竞争力。如果你总是乐观，但没有战略或者行动来为你的乐观提供依据，你会失去你的同事和经理的信任。

解决方法：在任何时候都要现实。如果你有问题，探讨问题并解决问题。如果你看到了机遇，提出捕获机遇所必须采取的详细步骤。提供详细的事实和可衡量的趋势，为你乐观的理由提供支持。向大家显示，对于你的每天所面对和管理的生意，你对风险和回报有均衡的看法。

（新）盛气凌人：“……但是给人令人生畏的印象。”

你令人提心吊胆，你粗暴、简单，总是沉着脸，你容易被激怒，有时会过分咄咄逼人。你总是关着门，只和很早就提前预约的人会面。你给大家传递这样的信号：他们要小心翼翼地接近你。

解决方法：问问你周围的人，他们是否认为你可以接近。如果他们说不是，那你可能令人生畏，不要等着别人接近你，他们感到害怕，你需要接近他们，要振奋一点，对大家微笑，在电梯上谈论天气或者本地的体育队，在下次团队会面的场合，谈一下令你自己感到难为情的故事。

消极攻击行为：“……但是消极攻击。”

当你不想做某件事时，你私下里秘密地破坏和不服从。

你同变革和管理对抗，却不直接与他们接触。你在公司就像游击队员一样在进行一场无法取胜的战斗。你具有一些消极攻击的趋势，这变成了你的一贯伎俩。这是在过去千万年中人类磨炼出的一种应对机理和生存技能。当你不想去做要求你做的事情时，你竭尽全力不去做，与此同时从不说你不会去做。你做你能够做的所有事情抵制变革，却不曾公开抗议过变革。

解决方法：在我们职业生涯中的某些时候，我们都曾消极攻击过。要反抗是可以的，只要你迅速地、悄悄地去反抗。去拜访你的经理，如果你倾听决定之后的理由，那可能会令你更容易接受决定。对于变革，要表达你的忧虑，可能这些变革会以你的反馈为基础进行调整。你早晚要加入其中，我们建议你加入时宜早不宜迟，因为你会获得更好的席位。

可被取代的部分：“……但是他相信他是无法被取代的。”

你认为你的团队离了你没法活。一旦你开始认为你无法被取代，你的末日就开始了。我们都是可以被取代的，我们永远不要忘了这一点。在你的公司会有一位有才能的同事乐意取代你的职位。在人才市场有一大群有才能的人希望得到与你一样的职位。如果你表现得似乎无法被取代，某天你可能来到办公室发现你的所有个人物品都被打包，办公室门上也换了新的名牌。

解决方法：永远不要懈怠，每天都要竞争，对于竞争要近乎偏执，你越见多识广和富有成效，你就越难被取代。

（新）一缕灰色：“……但是只用非黑即白的方式看待事物。”

你只根据非常表面化的信息做出草率判断。你用非黑即白的方式看待事物和局面，你自己对此引以为荣。事实是：并不是每种局面都是非黑即白的，许多局面是微妙的、细微的或者非常复杂的。用非黑即白的方式看待事物并以此为依据做出决定是迅速和简单的。然而，你以此为基础做出的决定往往是错误多于正确。

解决方法：在得到结论前，领导者需要探索灰色区域，要理解细节，要知道在什么时候什么信息是可用的，要对外部影响进行评估，要对每个人的心理状态有所领会。在行动之前做好本职工作的经理会做出更好的决定。你头发中的一缕灰白使你看起来更睿智。在你的评估和决策中的一缕灰白会帮助你变得更睿智。

为什么这么严肃？“……但是他需要放松一下。”

大家认为你毫无幽默感，是公司的工具，你从不发笑，你总是行色匆匆。在所有的互动中，你总是简短而简练。你比其他任何人都忙得多，整个世界的重担都压在了你的肩头上。当你气喘吁吁地描述技术升级的创新面临的挑战时，看着你脖子和太阳穴青筋暴露不会激起大家的信心。事实上，这会让大家感到既紧张又筋疲力尽。

解决方法：放松一下。你可以时不时微笑，并且与同事进行与重要事情无关的对话。将强度降低几个数量级，工作仍然可以完成。专心和放松的运动员和员工往往比紧张和有压力的运动员和员工表现得更好。

行为方面

回复的深渊：“……但是不会回复我的电话或者电子邮件。”

你毫无反应。消息进入了冰冷、黑暗的深渊，再也不会出来，最后期限越来越近，你的回复是那些你认为需要的或者必需的。在大量的尝试后，几个小时、几天甚至几周就在死一般的寂静中过去了。

解决方法：你有义务回复你的同事，如果需要你提供答复或者确认，在你看到电子邮件或者听到语音邮件后尽快去做。如果做出回复需要进行深思熟虑，就回复说：“收到，我会尽快回复你。”如果你容易遗忘这类承诺，在你的日历上做个笔记。

争辩者：“……但是太喜欢争辩。”

你将讨论变成了战斗。你喜欢争辩，你将所有不同意见视作贴身肉搏的运动。你认为，如果某个人的观点与你的观点不同，那个人及他或她的观点必须被彻底击败。那些不赞同你的人，必须就他们的立场无条件投降。

解决方法：在没有争辩的情况下，主题也可以被讨论。大家可以在不互相攻击的前提下表达异议。在某种立场背后推理的力量要远比大嗓门或者咄咄逼人地前倾在会议桌前更有力量。你不必赢得每次争辩，让对方取胜，或者宣布打成了平手。尽管这是一句缺乏说服力的句子，但“让我们求同存异”会是对你当前行为的一种完善。改变你的手段，否则你会找不到任何人和你争辩。

（新）“提供信息秘密通道”的笨蛋：“……对于本该保密的电子邮件，他却用密件抄送给所有人。”

你邀请大家参与你的电子邮件交流，但并没让对方知道。

你的电子邮件系统的“密件抄送”的名字还代表你“成为偷偷摸摸的卑鄙小人”。偷偷地邀请他人参与看上去似乎是一对一的交流，这不正当并且让人彻彻底底地毛骨悚然。给某个人发电子邮件，与此同时将这封电邮发给其他人，收你邮件的人没意识到还有其他人在窥视，什么时候这样做是合适的呢？答案可能是……永远不合适。你会和某个人约定通电话，然后邀请屋里的其他人倾听听筒里的对话，却不告诉通话的对方还有其他人在场吗？我们希望你不会。

解决方法：不再使用密件抄送功能，将不再使用密件抄送作为你个人的原则。如果你不能向电子邮件接受者表明看到邮件的所有人，那么你就是不诚实的。限制并否定你的密件抄送功能，你会因为这样做而感到快乐。

承受坏消息：“……但是对坏消息反应过度。”

当别人给你带来坏消息时，你会变得相当难过。在同事给你带来坏消息时表现出愤怒、恐惧或恐慌只能让局面变得更糟。这还会使同事丧失告诉你你所需要了解的事情的勇气。好吧，你最大的客户通知你，他们会使用另一家供货商。夸张地表达这个损失会如何带来其他商业和财务问题会产生一种想象的、令人憎恶的灾难雪球，会将每个人吓得灵魂出窍。在商业中常常会发生坏事。要学会适应这种情况。

解决方法：问题越严重，对你的反应进行调整就越重要。当接到坏消息时，我们喜欢如下的句子：“是这样吗？”它具有使局面平静的效果，是通过保持决策能够被反转或者局面可以有利解决的可能性来实现的。之后，认真倾听，获取所有事实，保持平静，询问很多问题。要确保不遗余力地感谢信息提供者，这能保证其他的坏消息提供者会来找你。既然你得到了信息，那你最好只关注最直接的问题并试图解决问题。在这种情况下，给客户打电话，找出他们放弃你的产品或者服务的原因，想方设法挽回生意，或者至少要挽回一部分。在充满挑战的局面下，冷静的头脑会占有优势。

对你的老板先发制人：“……但是需要持续跟进。”

你没有让重要人物知晓最新进展。五周前，你的老板给你一件工作，从此之后就再没你的音信。当你有机会领导真正有意义的项目时，你要确保在你的老板问你进展前，让他们了解进展。当人们不汇报时，经理会感到筋疲力尽，因为他们会假设项目的最新进展已经脱离正轨，项目经理在向他们隐瞒一些事情，这是很自然的。在一个组织中，最成功的人了解他们的经理想多久被汇报一次进展，他们总会确保比该时间早几天或几小时。

解决方法：对这种挑战，有一个很简单的解决方法，这是很多人都忽视的一种方法。询问你的老板想多久听一次进展汇报。每个老板都是不一样的，所以为什么要冒险去猜测呢？即便有了该信息，你仍然需要确保在你的经理询问你之前告知你的老板，经理们讨厌惊喜，你在事前问得越多并在事中交流得越多，你在事后惊喜的可能性就越少。

（新）牢骚和抱怨：“……但是对每件事都抱怨。”

你是个悲惨的不满现状者。你将团队中所有人都搞得精疲力竭，因为你所做的只有抱怨。你的错误是当你在你的经理或者高层主管面前时，你都在说诸事顺利，你极其热爱公司。你认为你是圆滑的运营者，你认为你知道如何让体系运转。事情的真相是，组织中的每个人都意识到你是一个不识抬举的、以自我为中心的傻瓜。

解决方法：想想你通过抱怨所浪费的所有时间和精力吧。如果你能够利用这些精力并用于解决困扰你多时的问题，你和你的同事都能更好地享受你的工作。你的公司也会受益，因为你帮助找到了能够帮助公司更有生产力和更有收益的解决方法。每次你感到有要抱怨的欲望时，你就问自己：“我能做什么让局面好一点？”如果你问这个问题，并按照答案去行动，我们保证你会改变你的事业轨迹，走向更好的职业发展之路。

无聊的主管：“……但是他并不总是像同事那样投入。”

当你在会议中变得厌烦时，你停止参与，谁也不告诉。你在智能手机上写电子邮件，你在笔记本上信手涂鸦，你静静地坐在那里，思考你可以完成的所有事情，你睁着眼睛睡觉，眼皮偶尔也会合上。

解决方法：当你在会上变得厌烦时，不要停止投入。如果你厌烦，很可能会议室中其他人也厌烦。让会议回到正轨，让大家对最重要的问题全神贯注，或者推动团队做出决策，你做这些会使你成为英雄。询问重要的问题，诸如“大家都读过会议材料吗？”“既然这样为什么我们还要从头到尾看一遍呢？”“对会议材料有什么问题吗？”“我们开会是要做决定吗？这是讨论会还是仅仅是通气会？”“展示者需要委员会做什么？”这类问题会使会议变短、更加注意力集中，更有可能带来决策或行动。

业务阻碍者：“……但是被视作阻碍者。”

你对变革顽固抵触。与你一样的阻碍者（业务阻碍部的成员）尽其所能去扼杀任何偏离常规商业道路的新的观点或者创新。你对现状投资巨大，你尽一切可能去维持现状。你会使用恐吓战术并提出往往难于定量或者偏离的忧虑或主题，试图使任何提议的革新或新的创意脱离正轨。你使用大量不祥的词汇诸如“商业风险”“声誉风险”“营权风险”或“诉讼风险”将决策群体吓得灵魂出窍。

解决方法：如果你被视作阻碍者，这个**但是**会制约你的晋升。要减少这个**但是**，你必须愿意接受新观点。充满精力和热情地探索有潜力的创新，支持一些新的创新并建设性地寻求使其奏效的方式。帮助组织向未来进发，而不是让组织活在过去。

忧虑不安：“……但是无法下决心采取行动。”

在采取行动时，你慢吞吞并且犹豫不决。你明白该做什么，但你不敢去做，你执迷于如果你做了，事情可能变糟，而不是去看一旦采取行动，局面会如何改善。在有挑战性的局面下，如果你被视作胆小或没有安全感，不能采取行动，你不太可能被给予更多的职责。很有可能你会被给予更少的职责。不能做出行动就是不能进行领导。

解决方法：一旦你知道了该去做什么，就迅速地、果断地去做。你的同事在观望，他们知道你需要做什么，你所等待的每一天，都是在丧失他们对你的一点信心。如果有必要，和你信任的同事说说真心话，确保你做了正确的事情。在解决问题时，行动会击败不作为。要大胆一些。

（新）伪造答案：“……但是试图伪造结果。”

当你没有答案时，你编造了一些答案。你在向高级管理人员做重要展示，在“提问与回答”环节，首席财务官问了你一个重要的问题，你不知道答案是什么。你应该知道答案，但你不知道，所以你要么猜测答案，要么编造答案，要么你通过改变话题并回答一个截然不同的问题来回避这个问题。

解决方法：

1. 不要编造答案……一次也不行。

2. 相反，要说："这是很重要的问题。我应该知道问题的答案，但我不知道。我会去找出答案并向在座的各位汇报。"

3. 接下来，向参与会议的每个人提交重要的书面形式答复。

4. 要对这个既能展示你的谦卑又能展示你的能力的机会心怀感激。

批评专家："……但是批评每个人。"

你大规模地进行批评，你认为批评公司中的所有人——从高级管理层到自助餐厅的工人——是你个人的任务。你在指出首席执行官的展示中的瑕疵或打击最近的广告宣传的积极性时总是很迅速。你对你的同事以及他们的工作的质量提出批评。作为批评者，你乐于处在局外人的角度，安然无恙地、无所事事地对真的在做某些事情的人们低声批评。

解决方法：公司给你发工资，是让你工作和生产的，不是让你批评的，所以请置身事中，促成事情进展。不再夸夸其谈，开始干活儿，冒一些风险，让自己置身其中，从阴影中走出来，做一些可以引起关注的事情。被批评最多的人也是干活儿最多的人，成为他们的一员吧。

（新）年度最佳防守型球员："……但是在被质疑时，给人的印象是充满防御性。"

你无法接受反馈或者处理探索性问题。当被问到应该即席回答的问题时，你表现得似乎是在海牙国际法庭上因战争犯罪而接受审判。在被提问时，你充满防御性，使用推诿或唐突的语言答复。你似乎忘了，会议室中所有的人都想为了公司的利益找到正确答案。作为参与者，满会议室的人的知识的汇总是你应该用来完善你对风险和机会的总体理解的有力优势。

解决方法：当被提出质疑时，尝试下面这些方法：

1. 向大家阐明问题。
2. 承认问题的有效性。
3. 尽你所能回答问题。
4. 从会议室中的其他人那里征求看法和建议。

记住，当大家身处同一团队时，表现得具有防御性会冒犯他人。

（新）死于复杂性：“……但是将事情过分复杂化。”

你可以将最简单的事情弄得非常复杂，以至于令人啼笑皆非。你似乎忘记了，两点间最短的距离是直线。当面对问题或者机会时，你对于潜在的解决方法想得过多。为了试图有创造性，你会设计一个精致的解决方法，而这方法具有太多的依赖性、太多的支出和太多的复杂性。

解决方法：在面对挑战时，总要从最简单的解决方法开始，从该处开始扩展。在会议室中，要成为这样一种人，可以清楚讲明问题本质、核心原因和最简单的解决方法的人。简明可以节省时间和金钱。

上篮！第一重要：“……但是工作摊子摊得太大。”

你想做太多事情，然后你哪件事都没做好。大家说，通往地狱的路上铺满善意。对每个需要你帮助的人说“是”，这会使你踏上通往地狱之路。当同事请求你帮助时，你无法对优先级最高的工作全神贯注。忘记你优先要做的事情以及承担超过你可以掌控的工作会导致表现差劲和提交工作迟到。首先完成最重要的工作，否则你的个人口碑会受影响。

解决方法：避免这类**但是**继续发展的最好办法是拥有说“不”的勇气。与你的经理协商，确定最优先的工作。不要被需要帮助的同事带离正轨，始终对手头优先级最高的工作全神贯注，对其他人说“不”，或者至少也要说“稍后再说”。

（新）疲惫不堪：“……但是变得过度劳累。”

你无法处理复杂局面，大家都知道这点。领导一个有确定的截止时间的大项目，你筋疲力尽、压力巨大。你在早上打一通疯狂的电话，在晚上写铺天盖地的电子邮件。你与他人的互动是冰冷、简练的，并饱受焦虑之苦。当你将狂怒带到会议上时，你让项目组筋疲力尽。大家都知道你不知所措，所以团队自行其是，避开你，这样他们才能把工作做完。在大多数情况下，项目会按照时间和预定提交，然而对疲惫不堪的你来说，是有损失的。下一个项目会由其他某个人领导。

解决方法：记住那句老话“永远不要让他们看到你流冷汗”，要冷静，要平静，让你的同事完成他们的事情。要信任，但也要确认项目处于正轨。找到对你最有效的发泄压力的方式。我们发现的发泄压力的最好办法是去散步或者去健身房。锻炼使你的血压降低，使安多芬在体内释放，并为你提供更大的满足感。当你认为紧张与压力的波涛即将来临时，在椭圆健身机上将其发泄出来，不要发泄在同事身上。

弗雷德·山福德式的人：“……但是将表现差的员工交给其他部门而不是自己处理。”

你宁可将你的问题转手给他人也不处理它们。你就是公司中的“弗雷德·山福德”，你对表现差劲的员工给予好的评价，来帮助他们被交换到其他部门。你缺乏管理或者解雇问题员工的勇气，所以你为他们向其他部门的调动行方便。

解决方法：不要将表现差劲的员工交给你的同事。充当一名真相告知者并且告诉问题员工他们的**但是**。要么对他们的表现进行管理，要么将他们扫地出门，这是你的职责。

八卦男女：“……但是喜欢八卦。”

不管是真是假，你喜欢公司中的八卦。你以知晓并传播最新的内部信息为荣。如果某人想将信息传递给公众，他们只需要将信息和八卦男女分享，并告诉他们这是一个秘密。在透露八卦故事方面，你比主流通讯社还高效。你只需要在走廊中耳语或者在冷饮机边把人拉到一旁，消息就会很快传播。信息就是力量，你为要炫耀你多么有力量而迫不及待。

解决方法：如果你是八卦者，请马上停下来，不要讲述其他人的办公室机密。如果下属、同事或者经理和你分享机密之事，将其保守在你心中。

（新）出口成“脏”：“……但是谈吐就像一个卡车司机。”

人们认为你与公司文化格格不入。脏话和粗话从来都不是在公司的环境中该说的话。当你上班时，对你的言辞要上心，脏话会使你自己显得低贱并往往会冒犯他人。

解决方法：在上班时，要让言辞干净。家庭影院中可以容忍脏话，但你不能。

走廊英雄：“……但是随后对决定进行抱怨和诋毁。”

你经常表现得像一个两面派。在会议上公开支持一个项目或决策，随后在同事面前对它进行恶语中伤，这是这种行为最恶劣的表现。如果你曾经如此做过，你必须要明白这种行为对你的公司伤害如何之大。颠覆性地破坏公司的决策或创新的员工很可能也会为竞争者服务。你比任何竞争者都危险得多，因为你能够接近信息，能影响公司中其他人的观点和态度。你对战略和士气的腐蚀性影响是令人恐惧的。

解决方法：可能你的不同看法是正确的看法，但你不将其共享，它就一文不值。不要成为懦夫，分享你的不同观点，如果你的公司仍然想按程序进行，再一次试图阻止他们。如果你再次被否决，你需要接受决定并参与其中。你现在的职责是尽你所能来帮助项目取得成功。领导者和好员工都是这么做的。

能医不自医：“……但是不愿授权。”

你想自己完成所有的事情，获得所有的成绩。每个会议、每件工作和每件任务都需要你的加入和关注。为什么你不能将某些重要工作授权给他人？为什么你试图自己完成所有事情？可能当你掌控所有任务时，你对你的饭碗有更大的安全感。可能你对你的直接下属不信任，担心某些人会将工作搞砸，让你没有面子。如果你无法授权，你就只有有限的上升潜能，因为你总在做低于你级别的任务。你需要帮助，不管你明白与否。

解决方法：为了获得更多责任，你必须将任务和职责授权给他人，将你解放出来做更重要的任务。授权是优秀的经理常常会做的事情，经理很乐于向团队成员提供更多职责和成长的机会。将低级别的任务从你手边拿开，关注强度更高的活动。

难伺候：“……但是很难伺候。”

当你参与项目时，围绕项目似乎总会有更多的不和谐声音。在做你的工作时，你浪费你周围每个人的时间和精力。一系列密集的会见、电话、电子邮件和解决冲突会议使你的经理和同事应接不暇。这些浪费时间的活动极大地增加了雇用你的开支并极大降低了你对于公司的价值。像你这样难伺候的人的主要问题是，对于你从不停歇的需求无法计量的花销，你毫无察觉。

解决方法：如果你得到了这种反馈，扪心自问，你的经理和同事的时间有多少是被本应由你负责的问题所占用的。在将你的问题交给他人并浪费他们的时间前，你需要仔细思量。试着自己解决问题，你的经理有大量其他事情要做。如果你确实带着问题出现在经理门口，要确保你也带来了解决方法。公司寻找的是富有成效且不难伺候的员工。

（新）魔术师胡迪尼：“……但是当事情变糟时，就无影无踪了。”（美国人哈利·胡迪尼被称为史上最伟大的魔术师，他非常善于逃脱术。——译注）

当你的团队需要你时，你销声匿迹。在你的公司中有一个大的危机，你的商业部门的某个人犯了错，无法达到年度收益目标，可能会丢饭碗，你选择继续按照正常日程参加会议，你按照计划度假，你想使自己和问题保持距离。一着错棋。

解决方法：当发生大的破坏时，你必须是第一个做出反应的人。你必须让大家都看到你并始终在场，不断安慰你的团队，危机会过去。早来办公室，晚点回家。尽管你并没把握，你要告诉每个人事情会变好。当危机开始时，人们会记住谁忙于隐藏，而谁忙于帮忙。

犹豫不定：“……但是无法做出决定。”

你被视为无法给问题下结论的人，商业领袖必须采取行动。尽管如此，除非你拥有了百分之百的信息，你不会做出决定。你研究一份又一份的报告，而局面继续每况愈下，这导致了分析的停顿，没有采取任何措施。记住，你永远都不会拥有百分之百的信息，也从来没有完美方案这回事儿。

解决方法：你必须积极研究问题或者竞争者，来理解你要对抗什么。在商业中，行动带来信息，而信息导致调整。如果你的第一次决策没有带来你想要的结果，那就调整。你做得越多，你对市场和竞争的了解就越多，你达成终极目标也就越快。决策不是稀罕物，也不是不可更改的。决策永远都能撤销、重做或调整。在做出决策之前，不要一直等待直到你获得了百分之百的信息。

隐形墨水：“……但是似乎没人认识他。”

对于下一个机会，你并未出现在任何人的视野中。你工作非常辛勤，你有很好的技能配备，你的效率和生产能力高得令人难以置信。公司给了你太多的工作，所以你从不离开你的小隔间。你和老板密切合作但你与你的小世界之外的人很少接触。如果你一直埋着头，一直做那些你在做的事，你认为你会得到承认和奖励。错了！

解决方法：你需要建立人际关系网。你希望大家知道你是谁，你做了什么，你也必须这样做。对于特殊的项目，你可以毛遂自荐；参与公司社团的拓展训练；或者主动组织假期晚会，通过做这些事情，你可以与他人接触并交往。建立人际关系网不仅对于塑造工作有不可思议的价值，这也是一种乐趣和奖励。建立人际关系网最有效的方法是与人际关系最佳的人交朋友。每家公司都有似乎认识更多的人并且为更多人熟识的一些人。这些人很好发现，因为他们积极、精力充沛、认识所有的人。请成为他们的朋友，这样你会认识更多朋友。

不是我：“……但是从来不承认错误。”

你希望成为完美的人，但你并不完美。对于任何没有按照计划进行的事情，你都不愿意承担责任。无论你的错误有多明显，你都会创造煞费苦心的自我争辩的回路，回路总是以将错误归咎于其他人而结束。

解决方法：如果你搞错了，请承认错误并改正。如果你觉得无法做出正式道歉，试一下这种让大家知道你与他们相同的简单表达方式：“我的错。”在棒球场或者办公室中，这几个简单的字具有不可思议的效果。“我的错”是对你的人性和不完美的有效宣告。要经常使用它们。

无所不知者：“……但是给人无所不知的印象。”

你认为你是全世界最聪明的人，你抓住每个机会向外界显摆你对所有事情是多么了解，你会打断其他人的发言或者替他们把话讲完。尽管你认为你是在向世界表明你多么聪明，你实际上是在彰显你是多么没有安全感、自私自利及令人恼火。慢慢地，你会变得越来越孤立，因为你的同事对于告诉你某件事却反复被打断感到疲于奔命。

解决方法：在公司中，信息是最珍贵的资本，你的可憎行为保证会令你再也接不到任何信息。记住，在你滔滔不绝时，你什么也学不到，不要试图去做办公室中最聪明的人，偶尔也让你身边的人有机会当一次办公室中最聪明的人。你会为你能够学到如此之多而感到惊讶。

撒谎的眼睛：“……但是无法直接讲述事实。”

你的诚信受到质疑。当回忆在办公室里说了什么或者做出了什么决定时，你的回忆可能和其他任何人的都不一样，这非常具有戏剧性。在一些情况下，你忘了你说过什么，承诺过要做什么。你歪曲事实或者数据来支持你的观点或者让你的日程安排可以继续。在记错和说谎之间，有一个非常微妙的界线，如果你越过这条界线，你这样做是以极大的个人风险为代价的。

解决方法：任何事情如果不是百分之百公开地披露，那么这就是谎言的一种形式。作为员工，你有义务向你的管理层和同事提供所有事实。真相和透明是信任的基础，要构建并维护这个基础。

微观管理者：“……但是是一个微观管理者。”

你是个蛮横不讲理的找碴儿者。你给下属一项任务以及一个提交日期，然后你烦扰你的下属，让他们不断地汇报进展并确认他们是如何做的。你的员工从未学会思考和自我保护，这对他们的职业和个人发展的各个方面都有阻碍。为了摆脱你可怕的管理模式，你的团队成员会在接到第一份工作邀请后跳槽。如果你是微观管理者，你要明白有才能的人不会为你工作。

解决方法：后退一步，给你的员工一些发挥他们才能的喘息空间，让他们进行实践，允许他们犯一些错，这样他们能从错误中学习并变得更强。相信员工可以做好工作，除非事与愿违。

冰冻先生：“……在危急时刻会怯场。”

当受到压力时，你呆若木鸡。当你被多种多样的、同时发生的问题压垮时，你无法工作。有很多事情需要完成，但因为有那么多事情，你怯场了，一事无成。

解决方法：当面对一个多维度的危机时，将任务分解为可以掌控的小环节，聚精会神对付你可以施加影响或者进行掌控的问题。不要让更大的、无法掌控的问题阻碍你果断行动并向着可实现的目标进发。对于你可以施加积极影响的事情，考虑清楚并果断行动。

软心先生：“……但是对他们的员工太心软。”

当遇到棘手局面时，你是软弱的人，你从未做出强硬的决定。你没和差劲的员工发生过冲突，问题挥之不去，冲突被回避，你是不错的人，但你在丧失你的团队对你的尊重和信任。

解决方法：尽管这不是你的本性，在很多工作局面中需要你执拗的强硬，必须做出决策。表现不好的员工必须进行改进或者离开，搞破坏的员工必须被炒鱿鱼。必须欢迎冲突，因为这是找到正确答案的过程。强硬起来！要不就让贤，让别人领导。

不可靠：“……但是靠不住。”

你的责任感不可信，客户见面会时，你迟到。你给客户的信件里有过时的信息以及四个拼写错误。尽管你在早期展示时说项目处于正轨，但你领导的项目晚了两个月，预算超支40%。

解决方法：每天，你都在构建你的诚信和交付能力的品牌。你必须按照承诺交付，否则很快就会有小道消息流传，说你需要密切管理才行。记下你做出的每项承诺，将交付日期记在你的日历上，做出项目规划，对你的工作质量进行核对及再次核对，按期、按预算提交项目。

（新）迪斯科恐慌：“……但是一出现困难就会恐慌。”（“迪斯科恐慌”是美国的一支摇滚乐队，作者在此以乐队的名字表达恐慌症。——译注）

麻烦的苗头一露头，你就会变得有点疯狂。客户变得狂怒，你没能按时提交产品，他们要取消订单，并威胁要诉诸法律。你冲出办公室，对着你的下属咆哮，说这件事可能会让你失业。你给高层管理者打电话，让他们都大光其火、手忙脚乱。一个小时后，你会发现，从上周五开始，联邦快递的包裹一直都放在客户的邮件室中。在任何一家公司，都会有可能威胁你的饭碗的不愉快的出人意料之事。是的，坏事会发生，你不得不对付它们。竞争对手会挖走核心客户或抢走市场份额。一项新法规可能让你的生意有风险或给你的企业增加了显著的开支。愤怒的客户会给你打电话。与这些挫折有关的最重要的事情是，你对此如何反应。如果你惊慌失措，你的同事也会惊慌失措。这很糟糕。

解决方法：无论挑战是什么，你都要用平静的举止迎头直面这种局面。找出真相，确定到底发生了什么事情。亲自给客户打电话，在危急时刻，在你的所有行动和决策中，你必须冷静、果敢、思虑周详。当事情变得白热化时，人们希望冷静的领导者。不要让他们失望。

（新）多疑症：“……但是似乎没有安全感。”

你认为每个人都要收拾你。每件小事都是一个要毁掉你的庞大计划的一部分。

你将同事想象为对抗你的秘密阴谋的一分子，这让你的工作脱离正轨。你的晋升被否决时，那是因为老板不喜欢你。当你的提议被忽略时，那是因为你是来自于一个新成立的部门，而不是来自嫡系公司。当你的经理没回复你的电子邮件时，那是因为经理想将你从项目中逼走。你瞎编乱造，这助长了你的不安全感，使你无法处理你的弱点。

解决方法：商业世界并不是高中校园。每个人都忙得要死，没法加入小圈子或者斗智斗勇。如果你未被晋升，那是因为其他人比你更有资格或者更胜任该工作；如果你的提议被忽略，那是因为提议不够优秀；如果你的经理没有回复你的电子邮件，可能是经理家中有人过世。不要再瞎编乱造了！如果事情不如你所愿，在抱怨中央情报局前，照照镜子看看自己吧。

（新）政治上不正确：“……但是太政治化。”

无论掌权者是对是错，你的观点都与他们的观点一致。在办公室政治方面，你可以算是拥有博士学位了。你所做的每件事都有政治动机，你知道谁处在公司等级的上升阶段，谁处在下降阶段。你既认识可结盟的人，也认识需要对抗的人。你可以分清强弱，并据此让自己和他人结盟。你的观点和看法只口授给会议室中的听众。你没有个人或者职业的观点或判断，你将手伸在空中感受政治的风向，然后言谈举止都以此为依据。

解决方法：请远离办公室政治，做你自己，为你自己发言，而不是为他人发言。在一个充满政治的环境中，如果你彻底地使自己与一个领导者结盟来对抗另一个领导者，你的工作就与那个人捆绑在一起了。要让你的同事知道你珍视什么，会为什么奋斗。做你自己，不要成为某些是今日之星但明天却黯然陨落的人的帮凶。你要对公司忠诚，而不是对公司中来来往往的人忠诚。

对项目缺乏远见：“……但是没有考虑其他人的观点。”

你对你的项目感到兴奋，没人能阻止你去完成项目。你想让项目成为现实，你的同事注意到你的项目涉及的风险与挑战，他们想同你分享他们的观点并进行深入探讨，你埋头进行你的项目，对他们的担忧不放在心上或不屑一顾。

解决方法：请放慢节奏。你匆匆忙忙要做什么？请不要被蒙住眼睛，如果你的项目经受不了你同事的细致追究，那它可能不是个好项目。你必须听一下其他人的看法，然后你应该和另一方讨论，看看收益是否仍然超过了风险。请倾听你周围的人并充分利用他们的经验。同任何赞同或反对的意见进行积极争辩的能力，能帮助你做出更好的决策，并能彰显你在决策中深思熟虑的、均衡的手段。

准备好……开火……请瞄准：“……但是在思考之前就动手了。”

你是我行我素的人，你不考虑后果就发出电子邮件，你未和你的经理协商就批准了更大的预算，你在获得独立销售代表的买进承诺前就启动了新产品宣传战，你在对和行动有关的全部问题和风险进行彻底考虑前就采取了这些行动。有些时候，导致这些不成熟行为的原因是没有耐心，其他时候则是马虎大意。

解决方法：多花一点时间将你的事务打理好。在行动之前，要达成某些共识。要记住，对每个行动，都有同等的、相反的反行动。在采取大胆的行动前，你要确保对所有潜在的反行动都进行了彻底考虑。

（新）生意是风险事业："……但是太喜欢回避风险。"

你既软弱又不安。商业就是与冒风险和风险管理有关的，你害怕风险，你完全地避免不确定性和模糊性。你只看到了风险的负面而没看到风险的正面，与看到风险的两面的人相比，你只有他们一半优秀。

解决方法：风险无处不在，不要害怕或者回避它。你需要对风险进行研究、定量、接纳和管理，对可能的结果进行逻辑概率分析，看看冒风险所创造的预期价值是否超过了潜在损失的可能性和大小。对数字进行研究和对场景进行设想，会帮助你积攒打一通冒险的电话的勇气。风险是获得收益的先决条件。

（新）头脑开小差："……但是无法聚精会神。"

你总是一心多用。有人来你的办公室和你谈事，在谈话过程中，你查收电子邮件、发短信、接听电话，还两次更换了谈话主题。当你试图交流重要信息时，倾听者走了神，没有比这更令人恼火的了。这不仅粗鲁无礼，而且会形成你对其他人说什么完全不感兴趣的印象。这会让大家怎么想？这会让大家怎么看你？

解决方法：当他人和你会谈时，要对他们全神贯注，不要查看你的智能手机，不要接听电话，不要转移到离题万里的话题。他们有重要的事情要告诉你，你有义务听他们讲完。要安静地坐好，仔细倾听，为了澄清要点，要提问。控制好你的注意力不足症，这样你的同事会补充（在英文中，注意力不足症的缩写为ADD，该单词还有“补充”的词义，作者在此处使用了双关。——译注）一些有价值的信息，并感到受重视。

（新）不愿掏钱，紧捂钱包：“……但是很吝啬，所以我们不想邀请他们。”

你是一位守财奴。每当同事要求你贡献金钱时，你总是抱怨；每当有人找到你为喜酒、月子酒或者购买女童子军制作的饼干掏腰包时，你都明显地表现出恼火；当你下班后出去喝酒时，你会指出多喝了一轮酒的人并让他们多付一点账。没人喜欢小气鬼，给人形成这种印象会很糟糕。

解决方法：成为公司的公民很重要，这往往要求你贡献一些你自己的钱。不要抱怨，你只要付你该付的那部分就好。

那些让你花了几块钱的东西，是将团队里的人结合在一起的黏合剂。这在将来都会以某种形式或者方式回报你。当小气鬼是“捡了芝麻丢了西瓜”的工作策略。

跑题：“……但是偏离了主题。”

你的思路偏离了主题，你浪费了所有人的时间。你的团队在讨论一个重要主题，但你不停地提到其他主题或次要的事情。在今日的商业世界中，时间是我们最宝贵的资源，当你弄出这些令人分心的事情时，你并没有明智地利用时间。

解决方法：当在会议上发言时，紧绕主题。无论主要的问题或者要做出的决策是什么，都要确保紧绕它们。偏离主题的故事或者话题浪费时间、分散注意力并且让所有人恼火。

滔滔不绝者：“……但是从不闭嘴。”

你是一个滔滔不绝的谈论者，愿意听自己谈论。其他人没人愿意听你夸夸其谈，你花10分钟的时间表达只用1分钟就能说完的事情，9分钟之前，大家已经不再听你说话了，但你一无所知。说话过多的人能破坏客户见面会或者在接下来的管理会议中让满会议室的人筋疲力尽。在一对一的会谈时，夸夸其谈者忽视了对方希望结束交谈的任何社交信号。如果你说的远比你听的多，那你很可能有这个问题。

解决方法：如果你在会议中做展示而你的听众没有进行眼神交流、点头赞同或提问，你可能丧失了听众的注意力，请马上停下来，询问听众对你的展示的看法。我是否谈及了你关心的问题？你有任何问题吗？我应该在这里停下来吗？在一对一的会谈中，如果和你交谈的人看表、看手机或者开始在键盘上打字，那他们就是想结束交谈了。如果他们说诸如“那么，好的”“我明白了”“怎样都好”等话语，那表示他们想退出对话了，所以就让他们离开吧。要读懂这些信号。

唯唯诺诺者：“……但只是一个唯唯诺诺的人。”

你是一个没有骨气的应声虫，你对老板说的所有事情都点头赞同，你认为老板提出的每个点子都是好点子。为了让大家干活儿，你说“老板想要用这种方式”，虽然这根本就不是事实。

解决方法：自己思考，要有观点并表达观点。你的老板需要好的建议，而不是盲目的赞同。如果你的老板的点子很糟糕，要有说“不”的勇气。如果老板不希望你说真话，那去找个新东家吧。

附录4

推荐阅读

我们希望《别让“**但是**”毁了你》一书中的观点和见解提高了你对你一直展现的天资、个性特点和行为的意识感。我们相信，当你回到工作场合时，你同事的**但是**会变得比以往更大、更显眼、更容易让人恼火。如果我们的这本书能深入你脑海，并且在接下来的数周或者数月中你能时时想起本书，我们就算完成了我们的使命。在看完之后，好书还会长久陪伴读者。下面我们列出了一些长期深深印在我们脑海中的书，它们强调了我们在《别让“**但是**”毁了你》一书中涉及的一些经验教训。

劳拉·希伦布兰德所写的《坚不可摧》（兰登书屋2010年出版）。

当你了解了前奥运运动员路易·赞贝里尼在第二次世界大战中为国效力时所遭受的苦难，了解了他在最令人吃惊的环境中表现出的适应力，你就再也不会认为你上班时的日子不好过了。

戴维·麦卡洛所写的《约翰·亚当斯》（西蒙与舒斯特出版社2002年出版）。

美国第二位总统的**但是**列表和《独立宣言》一样长。约翰·亚当斯是一位没有耐心的、傲慢的无所不知者，他缺乏远见，只注重从暴君统治下获得自由。如果他没有这些**但是**，我们现在还得用英国口音讲话呢。

贾斯汀·哈尔彭所写的《老爸说脏话》（哈珀柯林斯出版社2010年出版）。

作者的父亲看上去像是一个麻木不仁、出口成“脏”、咄咄逼人的恃强凌弱者，总是用言语辱骂他的儿子们。随着书页的翻开，你会意识到这位父亲是一位充满温情的“真相告知者”，使他的儿子们对等待他们的成人世界做好了准备。

帕特里克·兰西奥尼所写的《团队协作的五大障碍》（乔西—巴斯出版社2002年出版）。

如果我们的书单中没有一本商业方面的书，那我们就显得怠慢了。这本书强调了在**但是**云集并且没有人交流时会发生什么……没什么好事。

史蒂芬·安柏斯所写的《不屈服的勇气》（西蒙与舒斯特出版社1997年出版）。

本书讲述了刘易斯和克拉克寻找“西北通道”的勇敢之旅的故事。

商业中也会涉及对未知领域的探索，也有怒吼的激流和充满敌意的竞争者。要努力拼搏，让独木舟浮在水上并一直划桨。

兰迪·鲍许所写的《最后的演讲》（亥伯龙出版社2008年出版）。

作者是卡内基·梅隆大学的一位教授，被确诊患有晚期胰腺癌。在他去世之前的几个月，他做了这个关于“人生经验教训”的演讲。

下面是从他的演讲中提取的精华：

“如果你想做具有开创性的工作，你就会在背后受到明枪暗箭，你只需要忍受这些即可。”（业务阻碍者真的很擅长放暗箭。）

“要获得反馈回路并认真倾听。你的反馈回路可能会是像我做的这样傻乎乎的电子表格似的东西，或者可能是一位好人，他会告诉你你需要知道的东西。倾听是最难的部分。”（“**但是**耳光”的痛苦。）

“当你发现你自己做事情很糟糕，而没人会费心告诉你这一点时，这种境地很糟糕。对你进行批评的人是那些告诉你他们仍爱你和关怀你的人。”（要尊重真相告知者。）